U0580204

Pocket Series of
The Chinese Pedagogy

当代中国教育学小丛书

劳动教育论要

现实畸变与起点回归

修订本

檀传宝 / 著

北京师范大学出版集团
BEIJING NORMAL UNIVERSITY PUBLISHING GROUP
北京师范大学出版社

出版说明

　　中国教育学的发展已有百余年历史，从清末民初引进日本、德国、美国等国家的教育学开始，到新中国成立初期全盘苏化、照搬照抄苏联教育学，再到对苏联教育学进行批判反思，进而提出"中国教育学"并对其进行本土化建构，历经了引进、融合与创新的发展过程。尤其是改革开放之后，一代代中国教育学人对"建设具有中国特色的社会主义教育学"以及"中国教育学本土化"进行了不懈的努力，无论是理论研究还是实践探索，都取得了丰硕的成果。

　　伴随新中国成长起来的老一辈中国教育理论家，大多出生于20世纪二三十年代，他们对教育学中国化的发展进行了艰辛的探索和尝试，出版了不少具有中国特色的教育学著作和教材，也撰写了一系列对我国教育改革和发展产生重要影响的学术论文。这些成果系统地总结了新中国成立至20世纪末期中国教育学发展的成就，为新世纪教育学科的发展奠定了良好的基础。

老一辈教育学家为推动我国教育学的发展做出了杰出贡献，培养了众多教育学人才。历经改革开放的时代变革，老一辈教育学家培养的新一代教育学人，思想更加开放，视野更加广阔，立足中国本土实际，他们的研究领域越来越宽广，研究成果越来越丰富。

新一代中国教育学人不仅弘扬和传承了老一辈教育学家的精神，而且为构建具有中国特色、中国气派、中国风格的教育学不懈地努力着。他们不仅关注中国教育改革实践，而且注重运用中国教育基本理论解决教育实际问题。尤其是近十多年来，中国教育学界的学者们发表了一系列蕴藏着学科逻辑体系和理论创新的学术文章，为中国教育学的建设贡献着智慧和力量。

为了更好地展现和普及新时代中国教育学者最新的研究成果，体现时代大潮下中国教育学的思想自信、文化自信和价值自信，我们策划了这套"当代中国教育学小丛书"。

"小丛书"的作者都是对某一领域做过持续、深入研究的学者，他们不仅在理论研究方面有所建树，而且其研究成果对实践具有指导意义；"小丛书"的内容多是某位学者从这一领域的某一主题出发而撰写的文章合集，内容具有可读性、前沿性、引领性和代表性。

我们编辑出版这套"当代中国教育学小丛书"，目的是向更多的读者普及教育学的最新学术研究成果，力图使这套丛书做到具有鲜明中国特色、融汇中西教育思想、着力回应和解决中国教育现代化进程中的实际问题，从而为中国教育新知的传播和未来教育的创新贡献绵薄之力。

限于水平，丛书的编辑出版工作肯定存在这样那样的不足，敬请读者不吝赐教；也希望得到教育学术界学者和各界有识之士的宝贵建议，在此深表谢忱！

2020 年 5 月

自序

　　若从 1992 年第 9 期《教育研究》上发表的《劳动教育的中介地位初议》算起，笔者对劳动教育陆陆续续的思考已有二十几年的跨度矣。

　　《劳动教育的中介地位初议》原是我硕士研究生第一学期上成有信教授"教育学原理"一课的作业。文章虽然未免稚嫩，但仍然表达了到底如何看待劳动教育地位的一孔之见。直到二十几年后的今天，其主要观点——劳动教育处于德、智、体、美四大素养培育到实际劳动实践之间的过渡地带（中介地位）仍然成立，且有现实意义。成有信教授是当年北京师范大学教育学科思辨能力最强的教授之一。此论文的发表，也是对先生极富启发性教学的最好见证。

　　但是这篇短文实在是一个青年学子纯粹学术兴趣的表现，当时其实并无太多对于教育现实的实质关怀。此后经年，硕士、博士、博士后，辗转南京、北京，竟然不再有对劳动教育的理论眷顾。直到前几年，才又开始重拾对于劳动教育的思考。但这一次，却实实在在是对中国社会与教育极度忧虑和现实批判性思考的结果。2015年"五一"劳动节，我蓦然发现，熙熙攘攘、人头攒动的"劳动节"，其实已只有"节日"，没有"劳动"了。再联想起现实生活里种种社会丑恶现象也都与许多人对劳动的轻蔑，学校教育对劳动教育的忽视有直接的干系，不禁后背发凉。于是，"愤怒出文章"，写成《劳动教育如何"不忘初心"？——劳动教育的价值本质、现实畸变与合理回归》一文。此后，我又提供思想框架让我的博士生协助完成了《马克思主义的劳动价值观与劳动教育观——经典文献的研析》一文，算是做了些最基础的文献功夫。2018年9月10日全国教育大会提出加强劳动教育主张后，劳动教育迅速成为社会关注的热点，我亦先后完成了《何谓"教育与生产劳动相结合"——经典论述的时代诠释》《劳动教育的概念理解——如何认识劳动教育概念的基本内涵与基本特征》诸文。这些文章或长或短，文体也不尽相同，但举凡与劳动教育有关的概念清理、经典解读、基本命题的阐释，都是基于现实批判而做的"教育基本理论"功夫。蒙出版社不弃得以集腋出版，由衷希望这本小书对我国劳动教育的基础研究的推进有所裨益。

我的一些研究工作常常遭人误解。比如近年对劳动教育的研究就被人视为"跟风"，但其实我对这一问题的思考由来已久。好在"我思故我在"，我也并不很在意那些不理解笔者的人如何想。任何时代做学术都要有独立思考，更要对得起供养我们的天下苍生，无愧于自己内心的良知。某虽不才，但常常提醒自己保有"虽千万人吾往矣"的气概。

最后，诚挚感谢班建武、胡君进博士同意我收录他们俩的相关研究成果。他们都曾是我指导的博士生，现在则是我事业上的同行者。其作品所展现的视野与能力，让我对他们的未来怀有最美好的期待。

是为序。

2020 年 4 月 1 日

于京师园三乐居

目
录

何谓"教育与生产劳动相结合"

　　——经典论述的时代诠释　／1

马克思主义的劳动价值观与劳动教育观

　　——经典文献的研析　／21

劳动教育的概念理解

　　——如何认识劳动教育概念的基本内涵与基本特征　／43

劳动教育如何"不忘初心"？

　　——劳动教育的价值本质、现实畸变与合理回归　／54

劳动教育的核心是培养劳动价值观

　　——访北京师范大学教授、公民与道德研究中心主任檀传宝　／63

开展劳动教育必须解决好的三大理论命题　／77

如何认识与开展新时代劳动教育

　　——专访北京师范大学檀传宝教授　／81

新的时代我们为什么还需要劳动教育

　　——《劳动创造美好生活》序言　／96

加强劳动教育一定要贯彻与时俱进的原则　／99

"教育与生产劳动相结合"的前世今生

　　——新时代劳动教育可以从历史经验中学习些什么？　／106

劳动教育之新旧

　　——我的三点忧虑　／113

劳动教育的中介地位初议　／120

历史之思与专业之辨

　　——黄济劳动教育思想及其当下意义　／129

如何让"劳动"成为一种"教育"？

　　——对劳动与劳动教育的概念之思　／143

论高校应有的劳动哲学教育　／166

劳动教育是一种社会建构

    ——论作为社会教育的劳动教育　／195

附录一　新时代劳动教育的内涵特征与实践路径　／217

附录二　劳动、劳动集体与劳动教育

    ——重思马卡连柯、苏霍姆林斯基劳动教育思想的内容与特点　／240

何谓"教育与生产劳动相结合"

——经典论述的时代诠释①

　　"教育必须与生产劳动相结合"是马克思主义关于人的全面发展教育思想的一个重要命题。新中国成立以来，作为影响国家教育方针制定的最重要理论依据之一，这一命题对中国教育实践产生了深远的影响，而历史发展和教育现实中对于这一命题的若干误读，也给中国社会发展和教育事业带来了十分巨大的伤害。2018年全国教育大会关于"德、智、体、美、劳"全面发展教育方针的表述，又重新唤起了人们对于这一命题的兴趣。因为这一命题既涉及对国家教育方针的全面理解，也涉及对劳动教育概念的正确把握。因此，在新的历史时期回顾对于"教育必须与生产劳动相结合"已有的理论与实践探索，以及对这一重要命题做出新的时代诠释，就显得

---

① 本文已见刊于《课程·教材·教法》2020年第1期，本次出版略有改动。

十分必要。

一、"教育与生产劳动相结合"的原始论述

"教育与生产劳动相结合"的思想,最初可以追溯到空想社会主义。空想社会主义者莫尔、欧文等都曾经有过这一教育设想,欧文还开展过这一方面的教育实验。马克思超越空想社会主义者的一个重要特征就是,不将社会变革的希望完全寄托于慈善家们道德上的善良愿望之上,而是将社会生产力、科学技术的发展等看成是教育与社会进步的最重要基础。马克思对于"教育与生产劳动相结合"的有关论述,就是建立在对当时的机器大工业及科学技术发展深入分析的基础之上的。

马克思曾经明确指出:"从工厂制度中萌发出了未来教育的幼芽,未来教育对所有已满一定年龄的儿童来说,就是生产劳动同智育和体育相结合,它不仅是提高社会生产的一种方法,而且是造就全面发展的人的唯一方法。"①

马克思还解释说:"现代工业的技术基础是革命的,而所有以

---

① 《马克思恩格斯全集》第二十三卷,530 页,北京,人民出版社,1972。

往的生产方式的技术基础本质上是保守的。现代工业通过机器、化学过程和其他方法，使工人的职能和劳动过程的社会结合不断地随着生产的技术基础发生变革。因此，大工业的本性决定了劳动的变换、职能的更动和工人的全面流动性。"①"大工业又通过它的灾难本身使下面一点成为生死攸关的问题：承认劳动的变换，从而承认工人尽可能多方面的发展是社会生产的普遍规律，并且使各种关系适应于这个规律的正常实现。"②关于如何"使各种关系适应于这个规律的正常实现"，马克思做了进一步说明："工艺学校和农业学校是这种变革过程在大工业基础上自然发展起来的一个要素；职业学校是另一个要素，在这种学校里，工人的子女受到一些有关工艺和各种生产工具的实际操作的教育。如果说，工厂法作为从资本那里争取来的最初的微小让步，只是把初等教育同工厂劳动结合起来，那末毫无疑问，工人阶级在不可避免地夺取政权之后，将使理论的和实践的工艺教育③在工人学校中占据应

---

① 《马克思恩格斯全集》第二十三卷，533～534页，北京，人民出版社，1972。

② 同上书，534～535页。

③ 马克思这里所说的工艺指的是现代生产的原理，马克思曾经希望工人阶级子女能够通过"工艺教育"获得现代工业生产的原理，以适应现代生产对劳动力的流动性要求。——笔者注。

有的位置。"①

在马克思论述的基础上,列宁在新的历史阶段对"教育与生产劳动相结合"则做出了更加明确的强调:"没有年轻一代的教育和生产劳动的结合,未来社会的理想是不能想象的:无论是脱离生产劳动的教学和教育,或是没有同时进行教学和教育的生产劳动,都不能达到现代技术水平和科学知识现状所要求的高度。"②在列宁领导下,十月革命后苏联共产党将"教育与生产劳动相结合"的思想写入党纲,形成对教育的实际指导。1919年俄共(布)第八次代表大会通过的党纲中就明确提出"对17岁以下的全体男女儿童实施免费的义务的普通教育和综合技术教育(即从理论上和实践上了解一切主要生产部门的教育)……使教学和社会生产劳动紧密结合起来。"③

总结马克思、列宁的上述论述不难发现,马克思主义经典作家关于"教育与生产劳动相结合"的最初论述有如下几个特征。

---

① 《马克思恩格斯全集》第二十三卷,535页,北京,人民出版社,1972。
② 《列宁全集》第二卷,413页,北京,人民出版社,1959。
③ 《苏联普通教育法令选译》,9页,转引自成有信:《现代教育论集》,177页,北京,人民教育出版社,2002。

（一）马克思、列宁所谈的"教育与生产劳动相结合"是以大工业、现代科学技术的发展为基础的

马克思主义学说一个重要的特征是将生产力看成是一切社会变革的物质基础和根本动力。故在大工业、现代科学技术发展的基础上分析"教育与生产劳动相结合"，也一直是马克思、列宁相关论述的基本逻辑。一方面，大工业(从蒸汽机到电气化时代)加大了工人阶级职业转换的速度和可能，"承认劳动的变换，从而承认个人尽可能多方面的发展是社会生产的普遍规律"，因此必须"造就全面发展的人"，而"教育与生产劳动相结合"当然就成为造就全面发展的人的"唯一方法"。另一方面，大工业与现代科技在生产中的应用是一体两面的。由于现代科技的应用，现代生产在实现白领与蓝领工人的分工所代表的脑力劳动与体力劳动第二次分离①的同时即要求体力与脑力的结合，即"教育与生产劳动相结合"以培养适应大工业生产的全面发展的人。

---

① 依据对马克思主义经典著作的深入分析，成有信先生认为体力劳动与脑力劳动的第一次分离发生在原始社会末期，是剥削阶级和劳动人民之间的阶级分离；而体力劳动与脑力劳动的第二次分离则发生在机器大工业取代独立手工业成为主导性社会生产力之时，第二次体力劳动与脑力劳动的分离实质上是工人阶级内部的分工，表现为从一个工人阶级内部分离出了蓝领和白领(技术人员、管理者等)。也因为这一点，现代知识分子总体上属于"工人阶级一部分"。具体可以参考其《脑力劳动和体力劳动的分离、结合与教育》等文，已收录至成有信的《现代教育论集》(北京，人民教育出版社，2002)。——笔者注。

(二)马克思、列宁所谈的"教育与生产劳动相结合"是不同历史时期得出的具有不同阶段特色的结论

马克思时代,处于大工业开始不久的时期,因此马克思所谈的"教育与生产劳动相结合"的重要形式之一就是"生产劳动同智育和体育相结合""工人的子女受到一些有关工艺和各种生产工具的实际操作的教育"等。马克思甚并不赞成废除童工等激进主张,反而认为当时的工厂法"把初等教育同工厂劳动结合起来"(即一定年龄的童工参加适当的生产劳动的同时,保障其接受一定时间的学校教育)是"从资本那里争取来的最初的微小让步"。正如马克思所言,工厂制度只是"萌发出了未来教育的幼芽",而"工人阶级在不可避免地夺取政权之后,将使理论的和实践的工艺教育在工人学校中占据应有的位置"。十月革命之后列宁等人才得以在苏联更为自觉、全面地实施了教育与生产劳动相结合的教育方针,因为他们认为"没有年轻一代的教育和生产劳动的结合,未来社会的理想是不能想象的"。

(三)马克思、列宁所谈的"教育与生产劳动相结合"是现代教育的一个基本原则

由于大工业、现代科学技术在生产中的大规模应用在资本主义工业化时代就已经开始,"教育与生产劳动相结合"在资本主义工业化阶段也已经是一种社会和教育的事实,而且这一结合还会随着现代生产力的发展在资本主义发达国家以不断更新的方式(美国的硅谷就是一种"教育与生产劳动相结合"的当代典型)发展,因此与其说"教育与生产劳动相结合"是社会主义教育的特征,还不如说是现代社会教育的特征,社会主义教育实践(苏联和新中国等)只是更为自觉地强调、更为全面地实施了这一现代教育的重要原则。此外,建立在大工业基础上的"教育与生产劳动相结合",与工人子女在独立手工业时期及其以前历史阶段的手工劳动、农业劳动中同时接受经验或生活意义上的教育的教育与生产劳动的"原始融合"性质完全不同。因为后者是一种教育与劳动未分化的原始统一,而前者则是教育与生产劳动在一种分离基础上的现代结合。

二、"教育与生产劳动相结合"的若干误读

新中国成立以后,"教育与生产劳动相结合"一直是我国教育方针制定的重要依据,某种意义上也可以说是教育方针的组成部分。一方面,"教育与生产劳动相结合"这一指导思想对中国教育事业发挥过十分重要的作用。但是另一方面,我们对"劳动""生产劳动""教育和生产劳动相结合"等概念、命题的理解也存在片面性、局限性,这些错误认识也曾给我国社会与教育发展造成过重大损失。因此认真回顾、反思

过去对于"教育与生产劳动相结合"命题的若干误读，就显得十分必要。总结起来，不同时期我们的主要误读可以概括为如下三个方面。

（一）"教育与生产劳动相结合"与社会主义教育性质

如果我们承认马克思、列宁所谈的"教育与生产劳动相结合"是以大工业、现代科学技术的发展为基础的这一结论，我们就会发现：将马克思主义者"教育与生产劳动相结合"的教育主张理解为只存在于社会主义社会、具有社会主义性质，是一种对马克思、列宁教育思想的严重误读。

诚如成有信教授所指出的："教育和生产劳动相结合是现代生产发展的要求，是现代社会发展的客观规律。这里所说的现代社会不仅指社会主义社会，也包括资本主义社会。""曾经有人把资本主义社会的教育也看成是和几千年奴隶社会、封建社会的教育一样是和生产劳动完全脱离的，说什么'教育和生产劳动相结合是社会主义教育和一切剥削阶级教育的分水岭'。这样的说法是缺乏分析的，也是不符合马克思论述的原义的。从现代生产、现代科学和现代教育产生之日起，教育和生产劳动相结合的状态就早已经存在了，而不是从现在才应该开始的，或从现在起才将要开始的。"①因此我们

---

① 成有信：《论教育和生产劳动相结合的实质》，载《中国社会科学》，1982(1)。

顶多只能说，由于资本主义社会制度及价值观念的局限，"教育与生产劳动相结合"在资本主义社会不可能成为普遍、完全的现实，而"由于社会主义消除了资本主义的种种矛盾，从而在同样的物质和科学文化的条件下就能使全体劳动人民的科学文化水平达到更高的高度。就是说，只有社会主义制度才能使教育和生产劳动的联系和结合逐步成为普遍的和完全的现实"①。

新中国成立以后，尤其是改革开放之前，由于对"教育与生产劳动相结合"性质有片面认识，将"教育与生产劳动相结合"视作社会主义教育性质的体现，因而很快将原本为现代大生产对人的全面发展的教育要求转换为一种社会主义"人改造人"的政治话语，从而导致了社会与教育政策上的严重偏颇，也造成了我国教育事业、社会发展的重大损失。

(二) 对"劳动"与"生产劳动"诸概念的片面理解

"劳动"与"生产劳动"本来是两个不同的概念。"生产劳动"只是"劳动"的形态之一，不能用"生产劳动"排斥"脑力劳动"。马克思所言的"全面发展的人"基本含义之一也是人的"体力"与"脑力"

----

① 成有信：《论教育和生产劳动相结合的实质》，载《中国社会科学》，1982(1)。

的结合，马克思主义经典作家也从来没有将脑力劳动排除在劳动概念之外①。而马克思之所以要推动"教育与生产劳动相结合"，恰恰是因为现代生产过程中脑力劳动或科学技术的重要性越来越高而不是相反。从现代生产的事实看，不仅在现代生产过程之中需要体力劳动同时也需要现代科学技术或脑力劳动的参与，而且在生产过程之外也越来越需要现代学校教育和科研机构系统的存在，并越来越多地通过这一生产过程之外的现代学校教育形式去保障有获得科技知识与技能武装的劳动者(全面发展的人)源源不断地加入现代生产过程。我们完全可以说，现代生产过程之外的现代科学技术及其教育的参与，不仅是"教育与生产劳动相结合"的形式之一，更是"教育与生产劳动相结合"得以实现的最终基础和关键途径。换言之，体力劳动、脑力劳动都是"劳动"，生产过程之中的劳动(生产劳动)和生产过程之外的科学技术也是现代生产劳动的要素。令人遗憾的是，新中国成立以后相当一段时间我们"强调了教育与生产劳动相结合的革命意义，断言没有教育与生产劳动相结合，就完不成

---

① 参见檀传宝：《劳动教育的概念理解——如何认识劳动教育概念的基本内涵与基本特征》，载《中国教育学刊》，2019(2)；胡君进、檀传宝：《马克思主义的劳动价值观与劳动教育观——经典文献的研析》，载《教育研究》，2018(5)。

改造资产阶级知识分子这样一个革命任务"①，这实际上就已经将"劳动"概念完全等同于"生产劳动"，进而等同于"体力劳动"了，其结果是将一部分劳动者(知识分子)视作要接受另外一部分劳动者(工人、农民)革命改造的对象，造成了一系列违背历史潮流的反智悲剧。因此改革开放之前对于"教育与生产劳动相结合"命题的另外一大重要误读，就是将生产劳动等同于体力劳动，这一概念理解上的错误完全背离了马克思、列宁等人对现代生产与科学技术越来越密切关联、知识分子是工人阶级一部分等的基本判断。

近年随着国家教育方针重申对于"德、智、体、美、劳"的强调，另外一种对这一命题的误读，又变式为对"劳动教育"刻舟求剑式的理解，即将新时代的劳动教育等同于 20 世纪 50—70 年代的"学工、学农"(体力劳动)教育。其实质，当然是延续了过去对于劳动概念本就错误的理解。

(三)"教育与生产劳动相结合"的历史形态

在马克思时代或者机器大工业阶段，考虑到现代科学技术应用已经为妇女、儿童参加适当的生产劳动提供了一定的可能性，也考

---

① 孙喜亭：《教育与生产劳动相结合的原理被曲解了》，载《教育研究》，1981(2)。

虑到当时工人阶级的生计需要，马克思并未赞成废除童工等激进的工人权利主张，而是认为当时英国的《工厂法》"把初等教育同工厂劳动结合起来"，保障一定年龄的童工可以在参加生产劳动的同时接受一定时间的学校教育，是资本的"微小让步"。马克思将这种"半工半读"(一半时间参加生产劳动、一半时间接受学校教育)性质的教育安排视作"教育与生产劳动相结合"的初级形态之一。但新中国成立后人们一度误以为"半工半读"这一特定历史时期迫不得已的教育安排是"马克思主义"的，其结果是延伸出了否定正规学校教育形式，将"半工半读"等非正规教育看成是"社会主义"教育的常态，后来甚至提出了"学校就是工厂""工厂就是学校""车间、田间就是最好的课堂""开门办学"等一系列错误的教育主张，占用儿童宝贵的学习时间，给中国教育与社会的正常发展造成了巨大损失。孙喜亭先生曾经批评这些主张为"要教育直接为生产服务，要教育回到劳动中去。结果严重地破坏了学校教育秩序，大大降低了教育和教学的质量"①。成有信先生则更为深刻地指出，"现代教育和生产劳动的关系，既不像古代劳动者教育那样是和生产劳动融合在一

---

① 孙喜亭：《教育与生产劳动相结合的原理被曲解了》，载《教育研究》，1981(2)。

起的，也不像古代学校教育那样是和生产劳动完全脱离的，而是处于一种独特的状态：他们既作为两个过程相互独立，又不可分割地联系在一起。"① "科学从生产中的分离和教育从生产劳动中的第二次分离，是现代生产和现代科学发展的必然结果……科学同生产的结合以及教育同生产劳动的结合又是现代生产和现代科学发展的客观要求……上述两个分离与两个结合是现代社会历史发展这个统一过程的两个方面，它们是相互促进、相互依存而不可分割的。只承认教育和生产劳动结合的必要性而否认教育从生产劳动中第二次分离的必然性和合理性，是违背历史发展的辩证法的。"②今天我们可以肯定地说，将"教育与生产劳动相结合"的特定历史形态误认为"教育与生产劳动相结合"本身或者全部，是造成新中国教育史上诸多教育失误的认识论根源，其结果是让现当代社会的"教育与生产劳动相结合"回到了"像古代劳动者教育那样是和生产劳动融合在一起的"原始形态。

---

① 成有信：《论教育和生产劳动相结合的实质》，载《中国社会科学》，1982（1）。
② 同上。

三、"教育与生产劳动相结合"的时代诠释

误读当然不会止于历史。随着当代社会与教育的飞速发展，"教育与生产劳动相结合"这一命题目前也极容易受到两种极端思维的干扰。一种极端认为"教育与生产劳动相结合"是一个应当抛弃的完全过时的教育主张；另一种极端认为"教育与生产劳动相结合"就意味着教育要重新回到"美好"的旧时代（20世纪50—70年代）。在新的历史时期，要走出这两种极端思维的误区，就必须对"教育与生产劳动相结合"命题做出合乎新时代的合理诠释。当前要特别注意以下三点。

（一）"教育与生产劳动相结合"与劳动教育的中介地位

如前所述，"教育与生产劳动相结合"的真正实现，必须通过教育在生产过程之中和生产过程之外与生产劳动的两种"结合"形式的相互支持才能得以完成。最重要的原因乃现代生产劳动中科学技术的应用越来越成为当代和未来生产劳动的决定性因素。当代社会劳动者已经不可能仅仅通过生产过程的参与去完全学习、掌握这一过程所必需的大量科技与文化。从这个意义上说，越来越紧密的"教育与生产劳动相结合"在未来也就意味着越来越多的"教育与生产劳

动相分离"——独立于生产过程的学校教育的时间会越来越长、终身教育将成为普遍的现实。因此"教育与生产劳动相结合"的实践，就绝不可以将劳动教育与科学文化的学习看成是彼此排斥而非相互促进的关系。让学生放弃现代社会越来越重要的科技知识的学习，简单强调参加过多体力劳动的旧思维，不仅有违马克思"教育与生产劳动相结合"的本义，而且实质上更是对这一教育原则的严重背离。

此外，"教育与生产劳动相结合"还意味着劳动教育的中介地位①。也就是说，学校开展的"劳动教育"与严格意义上的"生产劳动"在性质与功能上是有严格区别的，学校的劳动教育不过是德、智、体、美基本素养培育完成后让学生们通过有教育意义的劳动实践去检验学习成果、得到实践锻炼，并为在未来真正投入包括生产劳动在内的不同劳动过程、成为"社会主义建设者"做好准备。其实如果我们从语言的逻辑上分析，"教育与生产劳动相结合"这一表述本身，就意味着"生产劳动"已经是"教育"（德育、智育、体育、美育）之外的事物，两者才需要"结合"。所以尽管从强调劳动教育重要性的工作需要出发，教育方针上可以提"德、

---

① 参见檀传宝：《劳动教育的中介地位初议》，载《教育研究》，1992(9)。

智、体、美、劳"全面发展，但是我们也必须清楚认识到，劳动教育与德、智、体、美四育并非处于同一逻辑层次。劳动教育内含着价值观、科学技术、体力、美感等德、智、体、美教育的因素；德、智、体、美各育也是实现劳动教育的最重要的教育形式，脱离德、智、体、美各育，孤立开展劳动教育只在有限的范围是有意义的。所谓劳动教育"进课堂"，应当理解为劳动教育在价值观上走进德、智、体、美诸育的全部课堂，而非过多强调在课表上安排多少课时的劳动教育专门课程。

（二）"教育与生产劳动相结合"与劳动教育的核心目标

若我们承认，将新时代的劳动教育等同于 20 世纪 50—70 年代的"学工、学农"（体力劳动）教育，实质上是延续了过去对于劳动概念本就错误的理解，则今天我们再讲"教育与生产劳动相结合"时，教育应该与什么样的"劳动"相结合，就成为一个有待讨论的严肃话题。"教育与生产劳动相结合"这一命题也许应当改为"教育与劳动实践相结合"。这一方面是因为"劳动"概念的当代形态不仅包括越来越多的脑力劳动，而且更重要的另外一方面是："劳动"早已不再是"生产劳动"那么简单。在当代社会，"生产劳动"在全部劳动中的比重正在不断下降，而在消费、休闲等不再属于传统意义上"生产"环节的新的劳动形态正在不断涌现，并在社会生活中发挥着越来越大的作用①。

　　以上认识也可以推论到对劳动教育概念的正确理解。劳动教育的根本任务是"要在学生中弘扬劳动精神，教育引导学生崇尚劳动、尊重劳动，懂得劳动最光荣、劳动最崇高、劳动最伟大、劳动最美丽的道理，长大后能够辛勤劳动、诚实劳动、创造性劳动。"②这一方面表明劳动教育的核心或者本质目标应当是劳动价值观的学习，而不应简单执着于某一项具体劳动技能的学习；另一方面则表明，当代科学技术的学习等本身就带有更为本质的"教育与生产劳动相结合"的性质，甚至学生们日常学习活动本身也具有"劳动"的性质（至少是某种特殊的劳动形式）。因此，劳动教育可以通过参与适当的工业劳动、农业劳动等传统劳动教育主题实践去实现，但更应该通过日常科学技术的学习环节去实现，学校教育应该将"学习"也看成是"辛勤劳动、诚实劳动、创造性劳动"的重要实践领域之一。

　　（三）"教育与生产劳动相结合"与劳动教育的教育形态

　　如前所述，"教育与生产劳动相结合"首先是历史发展到现代社会的必然产物，是一种历史发展的事实，其次才是马克思主义者顺

---

　　①　参见檀传宝：《开展劳动教育必须解决好的三大理论问题》，载《人民教育》，2019(17)。
　　②　《习近平出席全国教育大会并发表重要讲话》，新华网，2018-09-10。

应历史发展趋势所提出的具有真理性的现代教育的主张。就前者而言，无论是现代学校教育或者是现代生产本身，都必然带有"教育与生产劳动相结合"的客观必然性。就后者而言，马克思、列宁等人在不同历史时期所提出的教育主张的具体落实，应当贯彻与时俱进的原则。"教育和生产劳动相结合的具体形式也是受生产力水平、科技水平、教育水平和劳动人民物质生活水平所制约的。这些条件变化了，教育和生产劳动相结合的具体形式必然随之变化"①。而"教育与生产劳动相结合"对当代劳动教育的启发，则在于我们在开展劳动教育时不仅要特别关注"劳动新形态"——关注消费性劳动、创造性劳动、复合性劳动等新劳动形态，而且要特别关注劳动教育的"教育新形态"②。劳动教育不能仅仅被理解为简单的认知性学习（"进课堂"），而应当特别关注各学科的间接教育、隐性课程等教育形式；劳动教育要特别注意综合课程、实践性学习、社会服务、终身学习、智慧学习等教育理念的落实。

此外，正如"劳动"不等于"生产劳动"一样，现代教育已经越来越不等同于学校教育。"教育与生产劳动相结合"里的"教育"也

---

① 成有信：《论教育和生产劳动相结合的实质》，载《中国社会科学》，1982(1)。

② 班建武：《"新"劳动教育的内涵特征与实践路径》，载《教育研究》，2019(1)。

不应该等同于"学校教育"。包括学校教育、家庭教育、社会教育、终身教育等在内的所有教育形态，都必须顺应"教育与生产劳动相结合"的历史必然性要求，让儿童学习现代生产所必需的科技、文化、价值观，以具备在更高程度上实现现代教育与劳动实践相结合的公民素养。而劳动教育的具体开展，某种意义上也首先是一个成人教育、社会治理的课题。"因为如果我们成年人好逸恶劳、追求不劳而获，如果社会分配制度过分畸形、诚实劳作得不到应有的报偿，学校劳动教育就很难取得真正的效果。因此，一定要注意处理好教育改革与社会治理的关系，也一定要实现学校劳动教育与社区、家庭教育的有机结合。"①

认为"教育与生产劳动相结合"是一个完全过时的教育主张，或者认为"教育与生产劳动相结合"就意味着教育要回到 20 世纪 50—70 年代的极端思维，都是完全错误的。成有信先生在回顾分析以往在"教育与生产劳动相结合"认识上的错误时，曾经十分明确地提醒我们一个方法论问题："教育与生产劳动相结合是个什么问题？是事实，是思想，还是政策？"前者研究"是什么"，后者研究"应如

---

① 檀传宝:《开展劳动教育必须解决好的三大理论问题》,载《人民教育》,2019(17)。

何"。回顾过去不同时期教育实践尤其是政策上的诸多失误，不难发现其主要原因就在于"当时并没有研究和确认教育与生产劳动相结合'是什么'，就决定'应如何'。"①今天在我们重新确认"教育与生产劳动相结合"教育原则、重新倡导劳动教育的时候，认真厘定现代生产的"教育与生产劳动相结合"的性质、深入理解马克思主义经典作家关于"教育与生产劳动相结合"主张的本意或精神实质，对于我们准确把握和落实德、智、体、美、劳全面发展的教育方针以及开展健康的劳动教育都有十分正面的意义。

2019 年 9 月 15 日、17 日

10 月 10 日

于京师园

---

① 成有信：《教育与生产劳动相结合理论的新探索》，载《北京师范大学学报（社会科学版）》，1997(3)。

马克思主义的劳动价值观与劳动教育观

——经典文献的研析①

　　劳动教育是中国特色社会主义教育事业的重要组成部分，也是保证社会主义教育性质的重要基石。无论是建设中国特色的社会主义教育体系，还是开展健康的劳动教育本身，重温马克思主义经典作家有关劳动、劳动教育的论述都是十分重要的正本清源的工作。

　　以马克思、恩格斯为代表的经典马克思主义者主要从历史唯物主义、政治经济学和教育学原理三个维度对劳动价值观、劳动教育观进行过十分重要、精彩的理论解释。之所以选择这三个维度，是因为经典文献中马克思、恩格斯就是从这三个维度对劳动价值观给予最为充分论述的。其中，历史唯物主义主要是一种将人类物质劳

---

　　①　本文已见刊于《教育研究》2018 年第 5 期（作者胡君进、檀传宝），本次出版有改动。

动作为出发点的劳动史观，政治经济学主要是一种基于劳动创造商品价值的劳动政治经济学，而教育学原理主要是一种强调通过教育与生产劳动相结合来实现人的全面发展的劳动解放学说。认真发掘、研究马克思主义经典作家有关劳动价值、劳动教育的文献资源，对于我们今天重新审视劳动教育的价值、把握劳动教育的本质，都具有重要的理论价值和现实意义。

一、历史唯物主义视域中的劳动价值观

劳动，是马克思用以分析人类历史发展的核心范畴之一。在马克思那里，人类历史是以人的物质劳动作为载体的历史，劳动在整个人类社会和历史发展中处于关键性地位，这使得劳动不仅是把握历史唯物主义的钥匙，而且更是历史唯物主义得以建构的根本出发点和落脚点之一。劳动范畴的辩证运动不仅构成了历史唯物主义的理论骨骼，而且是历史唯物主义在社会存在和社会意识的辩证关系、阶级和阶级斗争、国家和社会革命等重要原理方面的逻辑展开。[1] 可以这么说，

---

① 参见任琳：《关于劳动范畴是历史唯物主义逻辑起点的省思》，载《甘肃理论学刊》，2013(4)。

马克思的历史唯物主义就是用劳动的观点来认识和把握现实世界的发展，或者说历史唯物主义正是在劳动发展史中才找到了理解全部人类历史的入口，历史唯物主义在一定程度上就是马克思的劳动史观。具体来看，在历史唯物主义的视域中，马克思对人类劳动的基本价值进行的分析主要表现为以下三大主张：劳动创造世界，劳动创造历史，劳动创造人本身。

（一）劳动创造世界

马克思认为构成人类赖以存在的现实世界的关键要素之一正是人的劳动，而且这种劳动并不是抽象层面的劳动，而是现实生活中人的感性物质劳动，即作为人类实践活动最基本形式的"生产劳动"。马克思认为这是区分人与动物的关键。"一当人开始生产自己的生活资料，即迈出由他们的肉体组织所决定的这一步的时候，人本身就开始把自己和动物区别开来。人们生产自己的生活资料，同时间接地生产着自己的物质生活本身。"①从这里可以看出，人类的生产劳动都是有意识、有目的的活动，其试图创造出一个可以满足人类生活需要的物质世界。不过对于马克思而言，从事生产劳动的个体并"不是处在某种虚幻的离群索居和固定不变状态中的人，而

---

① 《马克思恩格斯选集》第一卷，147页，北京，人民出版社，2012。

是处在现实的、可以通过经验观察到的、在一定条件下进行的发展过程中的人"①，这使得劳动个体的生产劳动并不只是单一地生产出外部物质世界的现实性，而且还生产出人类社会生活的现实性。因此，马克思历史唯物主义所理解的"世界"，本身是人类的现实生产劳动的结果，而不是与人类的现实生产劳动无关的抽象的外在实体。也正是通过劳动，人类和外部世界的关系才发生了根本性的转变，原先自在意义的自然世界逐渐成为自为意义的人类世界。在这一世界中，关键性的问题不再是通过劳动来"解释"或"直观"，而是"改变"或"改造"世界。作为人类最基本实践活动形式的劳动，也不再只是单纯地依靠人的感性活动，而是将感性活动转变为人的现实社会活动。由此，马克思正式揭示了劳动的社会规定性，并从人与人的社会关系层面来理解和把握劳动，从而实现了历史唯物主义对之前一切旧唯物主义的根本性超越。

(二) 劳动创造历史

在马克思看来，只有人类的生产劳动才真正构成了人类历史的基础，才是解开人类历史发展秘密的钥匙。他说："人们为了能够'创造历史'，必须能够生活。但是为了生活，首先就需要吃喝住穿

---

① 《马克思恩格斯选集》第一卷，153 页，北京，人民出版社，2012。

以及其他一些东西。因此第一个历史活动就是生产满足这些需要的资料，即生产物质生活本身，而且，这是人们从几千年前直到今天单是为了维持生活就必须每日每时从事的历史活动，是一切历史的基本条件。"①从中可表明，只有立足于生产劳动才能真正理解人类历史的发展，只有劳动人民才是历史的创造者，而人类创造历史的行动蕴含在日常生产劳动之中。②马克思由此批判了各种独立于人的生产劳动之外的唯心主义历史观，并将劳动看成是建立历史唯物主义的基石，人类历史发展的一切现实性都离不开人的劳动过程。对于马克思的这一伟大发现，恩格斯曾经鲜明地指出："历史破天荒第一次被置于它的真正基础上；一个很明显的而以前完全被人忽略的事实，即人们首先必须吃、喝、住、穿，就是说首先必须劳动，然后才能争取统治，从事政治、宗教和哲学等等，——这一很明显的事实在历史上的应有之义此时终于获得了承认。"③总的来看，在马克思的历史唯物主义中，劳动被看成是"一切历史的基本条件"和"人类的第一个历史性活动"，其既是人类历史发展的事实起点，亦是整

---

① 《马克思恩格斯选集》第一卷，158 页，北京，人民出版社，2012。

② 参见郭忠华：《马克思的历史观与"创造历史"》，载《马克思主义研究》，2009(12)。

③ 《马克思恩格斯选集》第三卷，723 页，北京，人民出版社，2012。

个历史唯物主义建构的逻辑起点。马克思正是通过劳动来揭示物质资料生产的作用，发现了人类社会关系发展的客观规律性，并由此肯定了人的主体地位，继而发现劳动人民在历史发展中的伟大作用。而这正是马克思全面建立历史唯物主义的两个理论准备。①

(三) 劳动创造人本身

马克思认为劳动不仅创造出人类的物质世界和社会历史，同时也创造了人类自己。"劳动首先是人和自然之间的过程，是人以自身的活动来中介、调整和控制人和自然之间的物质交换的过程。"②这是由于为了能够在对自身生活有用的形式上占有自然物质，人类必须使得他身上的自然力——臂和腿、头和手运动起来，而当人类通过这种运动作用于他身外的自然并改变自然时，也就同时改变他自身所处的社会生活以及人类本身。因此，"劳动是整个人类生活的第一个基本条件，而且达到这样的程度，以致我们在某种意义上不得不说：劳动创造了人本身。"③对此，恩格斯在《自然辩证法》一书中依据当时的科学研究成果，从人类的起源意义上论证了劳动在从

---

① 参见陈先达：《走向历史的深处：马克思历史观研究》，204页，北京，中国人民大学出版社，2016。
② 《马克思恩格斯选集》第二卷，177页，北京，人民出版社，1995。
③ 《马克思恩格斯文集》第九卷，988页，北京，人民出版社，2009。

猿到人的转变过程中有着决定性意义。这种决定性意义主要体现在两个方面：不仅在人类的起源意义上，是劳动创造了人本身，而且在人类的进化意义上，也是劳动创造了人本身。① 正是在改造世界的劳动过程中，人类才真正地证明自己是类存在物，而劳动就是人类能动的类生活。人只有通过作为类生活的劳动，"自然界才表现为他的作品和他的现实。因此，劳动的对象是人的类生活的对象化：人不仅像在意识中那样在精神上使自己二重化，而且能动地、现实地使自己二重化，从而在他所创造的世界中直观自身"②。总之，劳动不仅是人的本质规定，更是人类自身生产和再生产的创造过程。

二、政治经济学语境中的劳动价值观

劳动不仅是理解马克思历史唯物主义的逻辑起点，亦是把握马克思政治经济学的枢纽。两者的区别在于，前者主要是一种对劳动的哲学规定，它主要是从劳动的社会历史形态、劳动的存在论内涵来把握劳动的价值；而后者主要是一种对劳动的政治经济学规定，

---

① 参见常卫国：《劳动论：〈马克思恩格斯全集〉探义》，78 页，沈阳，辽宁人民出版社，2005。

② 《马克思恩格斯选集》第一卷，47 页，北京，人民出版社，1995。

它提出了劳动者是劳动主体、劳动创造价值、按劳分配等一系列政治经济学命题。马克思将劳动作为构建政治经济学体系的基础概念，并对处于一定生产方式下从事劳动的人进行了深入研究，并试图创建政治经济学意义上的劳动价值论，其回答的主要问题是价值是谁创造的、是被谁占据的和如何被分配的。具体来看，在政治经济学的语境中，马克思的基本主张包括：劳动是商品价值的唯一源泉；劳动剥削是资本主义的社会本性；按劳分配是实现社会正义的重要原则。

（一）劳动是商品价值的唯一源泉

马克思在《资本论》中提出了较为完整的劳动二重性理论，即把劳动区分为具体劳动和抽象劳动。具体来看，劳动的二重性统一于劳动过程之中，"一切劳动，一方面是人类劳动力在生理学意义上的耗费；就相同的或抽象的人类劳动这个属性来说，它形成商品价值。一切劳动，另一方面是人类劳动力在特殊的有一定目的的形式上的耗费；就具体的有用的劳动这个属性来说，它生产使用价值"。① 在这里，马克思把商品看成是使用价值和价值的统一体，拥有不同形式的具体劳动主要决定使用价值，而凝结在商品中的一

---

① 马克思：《资本论》第一卷，60页，北京，人民出版社，2004。

般的、无差别的抽象劳动则是形成商品价值的唯一源泉。由此，马克思将抽象劳动的价值视为商品价值的一般尺度，而劳动的自然尺度则是劳动时间，因而就可以用抽象劳动时间量来衡量商品的价值量。正如马克思自己所言，"商品具有价值，因为它是社会劳动的结晶。商品的价值的大小或它的相对价值，取决于它所含的社会实体量的大小，也就是说，取决于生产它所必需的相对劳动量。所以各个商品的相对价值，是由耗费于、体现于、凝固于该商品中的相应的劳动数量或劳动量决定的。"[①]可以看出，马克思非常强调商品的价值是由劳动者创造的，要生产出一个商品，就必须在这个商品上投入或耗费一定量的劳动。而我们如果承认某种商品具有价值，我们也就是承认在这种商品中有着一种体现了的、凝固了的或所谓结晶了的社会劳动。虽然当代社会的劳动形态已经发生了巨大变化，但是劳动是商品价值的唯一源泉仍然是颠扑不破的真理。

（二）劳动剥削是资本主义的社会本性

马克思之所以要提出劳动二重性理论与商品二因素思想，其目的在于确立劳动与价值的关系，并以此揭露资本主义社会剥削制度

---

① 《马克思恩格斯选集》第二卷，68 页，北京，人民出版社，2012。

的劳动起源。马克思通过对资本主义社会生产过程的全面剖析，认为资本主义社会生产过程的价值增殖和资本财富快速积累的全部基础，就在于资本家对于雇佣工人剩余劳动的剥削。这里的"剩余劳动"主要是指"一切为养活不劳动的人而从事的劳动"①，而且"支配着这种剩余劳动的不是工人，而是资本家"②，因此所谓"劳动剥削"就是指资本家对雇佣工人的剩余劳动的无偿占有。这是因为在资本主义社会中，资本家占有资本，土地所有者占有土地，而工人阶级除自身劳动力外一无所有，这使得工人阶级被迫以商品的形式出卖剩余劳动，而资本家和土地所有者正是依靠占有工人阶级的剩余劳动才得以生存。可见，正是有了剩余劳动的存在，才会产生被剥削者与剥削者的社会关系。被剥削者是"直接生产者"或劳动者，而剥削者则是"非生产劳动者"。这里面的逻辑是：劳动创造价值，剩余劳动创造剩余价值，资本主义社会的资本家凭借对生产资料的所有权占有雇佣工人的剩余价值。而资本主义社会全部的秘密就隐藏在剩余价值之中，马克思正是通过对剩余价值的研究从而考察了

① 马克思：《资本论》第三卷，960 页，北京，人民出版社，2004。
② 同上书，963 页。

劳动者受资本家"剥削"的程度。① 马克思也因此发现了劳动剥削就是资本主义的社会本性，正是劳动剥削导致了资本主义社会不同阶级的对立，即必要劳动和剩余劳动的分裂直接形成了劳动者阶级与剥削阶级的对立。总的来看，马克思认为劳动剥削在资本主义社会中起着支配作用，劳动逐渐成为资本增殖的工具，劳动在资本主义生产过程中也逐渐演变为异化劳动，而异化劳动的实质就是劳动的社会雇佣关系对于劳动的强制。

（三）按劳分配是实现社会正义的重要原则

"按劳分配"是马克思关于"未来社会"分配制度的一个重要构想，其认为在以生产资料公有制为基础的集体社会中，"不管他所创造的或协助创造的产品的特殊物质形式如何，他用自己的劳动所购买的不是一定的特殊产品，而是共同生产中的一定份额"②。可见，马克思认为应该按照劳动者个人所提供的劳动量的比例，在劳动者之间进行分配。在这里，劳动是决定个人消费资料分配的同一的、唯一的尺度，劳动者据此从社会领取与他向社会提供的劳动量

---

① 参见逄锦聚：《马克思劳动价值论的继承与发展》，40页，北京，经济科学出版社，2005。

② 《马克思恩格斯全集》第四十六卷（上册），119页，北京，人民出版社，1979。

成比例的一份消费品。① 此外，马克思同时指出，"分配的结构完全决定于生产的结构。分配本身是生产的产物，不仅就对象说是如此，而且就形式说也是如此。就对象说，能分配的只是生产的成果，就形式说，参与生产的一定方式决定分配的特殊形式，决定参与分配的形式。"②这里面的"生产"就是指人类的劳动活动，换言之，人类如何参与劳动的形式直接决定了人类如何进行劳动成果分配的形式，而这就是马克思"按劳分配"理念中多劳多得、少劳少得、不劳不得的最初原型。而马克思的"按劳分配"理念，总体上就是指由劳动者占有其生产的全部产品，或者分配到与其劳动量相当的全部价值。③ 可见，这种"劳动者得其应得"的分配方式关注的是对分配行为的道德衡量和价值评价，是从根本上否定不劳而获的剥削分配制度，故而被马克思看成是实现社会正义的重要原则，其体现了对具备不同劳动能力的劳动者有效劳动的承认，也体现了对不

---

① 参见周为民、陆宁：《按劳分配与按要素分配——从马克思的逻辑来看》，载《中国社会科学》，2002(4)。
② 《马克思恩格斯选集》第二卷，695 页，北京，人民出版社，2012。
③ 参见姜涌：《分配正义及其劳动基础》，206 页，济南，山东大学出版社，2016。

同劳动者之间劳动正当、合理性差异的承认。①

三、教育学原理论述中的劳动价值观

虽然马克思、恩格斯并没有专门论述教育的著作，其大多数情况下是在论述其他问题的时候阐述了教育问题，但马克思、恩格斯始终把教育看成是一个重要的研究领域，并立足于用科学的研究方法来研究教育问题。其中，劳动及其劳动价值观在马克思、恩格斯的教育论述中占据着核心位置，马克思、恩格斯关于教育问题的一些重要观点和结论都紧紧围绕着劳动价值观而展开，劳动及其劳动价值观在一定程度上为整个马克思教育学的最终形成提供了理论依据和方法论指导。具体来看，在教育学的基本理论视野中，马克思认为：劳动形成人的本质；劳动是实现人的全面发展的重要途径；教育与生产劳动相结合是社会主义教育的根本原则。

（一）劳动形成人的本质

在马克思看来，"人的本质不是单个人所固有的抽象物，在其

---

① 参见赵云伟：《论劳动正义的逻辑框架——基于政治经济学的分析视角》，载《学术论坛》，2013（9）。

现实性上，它是一切社会关系的总和"。① 而教育的对象是人，因此面向人的教育也同时面向人身上所带有的社会关系，这就要求当我们考察教育对人的作用时就必须以人的社会关系作为考察的起点。而在人的社会关系建构中，人的生产劳动是建构其社会关系的主要载体，人正是通过生产劳动才形成了现实的社会关系。社会关系并不是一种独立于或强加于人的事物，而是内生于人的生产劳动之中。基于此，马克思认为生产劳动对于个人具有决定性的意义，他说："个人怎样表现自己的生命，他们自己就是怎样。因此，他们是什么样的，这同他们的生产劳动是一致的——既和他们生产什么一致，又和他们怎样生产一致。"②因此，研究发生在人身上的教育，就是研究人是如何学会通过劳动来生产自己需要的生活资料，就是研究人与人之间具体的生产劳动关系如何影响到人自身的生产。对此，马克思、恩格斯进行了总结："为了能够得到通晓整个生产系统的人，教育就必须让年轻人不断地接受各种形式的生产劳动，并轮流从一个生产部门转到另一个生产部门。"③可见在马克

---

① 《马克思恩格斯选集》第一卷，135 页，北京，人民出版社，2012。
② 同上书，147 页。
③ 高放等：《马克思恩格斯要论精选（增订本）》，425 页，北京，中央编译出版社，2016。

思、恩格斯看来，劳动形成人的本质，劳动也是发生在人身上的教育。教育既承载于劳动，又服务于劳动，一方面教育的目的就是提高人的劳动能力，另一方面承载着教育功能的劳动本身也使人能够不断丰富自己的精神、拓展自己的才能和实现自己的成长。

（二）劳动是实现人的全面发展的重要途径

马克思、恩格斯通过对人类社会发展的历史考察，特别是对工场手工业取代个体手工业，进而走向机器大工业历史进程的考察，发现不合理的社会分工会造成人的片面发展，故而认为现代教育的目标就在于实现人的全面发展。值得注意的是，马克思、恩格斯最初所说的人的全面发展，并不是指人在德、智、体、身心各方面都得到发展，而主要是指人的劳动能力的全面发展。具体来讲，就是使人的"生产劳动才能"得到充分的发展。① 人的劳动能力主要划分为体力和脑力。体力是人体所具有的自然力，脑力则是人在精神方面的生产能力。马克思、恩格斯之所以如此强调人的劳动能力的全面发展，主要是因为当时社会分工的精细化已经导致人的劳动能力逐渐丧失整体性。体力劳动和脑力劳动的分离，以及体力、脑力发

---

① 参见靳希斌：《马克思恩格斯教育原理简述》，109 页，北京，北京师范大学出版社，1992。

展本身的畸形等都破坏了人的全面发展，"分工使人变成片面的人，使他畸形发展，使他受到限制"，而"当一切专门发展一旦停止，个人对普遍性的要求以及全面发展的趋势就开始显露出来"①。因此，只有通过提高人全方面的劳动能力才能使人有能力适应工种的变化和创造出更多的劳动财富，而这一方面启示我们社会生产劳动对人的全面发展起着重大作用，另一方面也要求我们实现教育与生产劳动的内在结合。总的来看，劳动作为人类实践活动的最集中表现，促进人的劳动能力的充分发展意味着劳动的内容和形式具备了完整性、丰富性和可变动性，这无疑能够进一步实现人的自觉能动性、创造性和自主性的全面发展②。

(三)教育与生产劳动相结合是社会主义教育的根本原则

马克思在教育思想上特别强调教育要与生产劳动相结合。这种相结合的形式主要是指"教育要使儿童和少年了解生产各个过程的基本原理，同时使他们获得运用各种生产的最简单的工具的技能"③。

---

① 华东师范大学教育系：《马克思恩格斯论教育》，93 页，北京，人民教育出版社，1996。
② 参见吴向东：《论马克思人的全面发展理论》，载《马克思主义研究》，2005(1)。
③ 高放等：《马克思恩格斯要论精选(增订本)》，426 页，北京，中央编译出版社，2016。

之所以强调这一点，主要基于两方面的理由：一是教育和生产劳动相结合是现代社会发展的基本要求，其既适应了现代社会劳动形式的变化，又使得工人获得了尽可能多方面的发展；二是在马克思构想的社会主义社会中，由于消灭了剥削制度，这就为教育和生产劳动的普遍结合提供了现实的可能。① 因此，马克思把"教育与生产劳动相结合"看成是"改造现代社会的最强有力的手段之一"，是"提高社会生产的一种有效方法"和"造就全面发展人的唯一方法"。② 在马克思看来，教育与生产劳动相结合是社会主义教育基本性质的体现。正如列宁所言："没有年轻一代的教育和生产劳动的结合，未来社会的理想是不能想象的：无论是脱离生产劳动的教学和教育，或是没有同时进行教学和教育的生产劳动，都不能达到现代技术水平和科学知识现状所要求的高度"③。毛泽东、邓小平也曾经分别指出："教育必须为无产阶级政治服务，必须同生产劳动相结合"④。

---

① 成有信：《论教育和生产劳动相结合的实质》，载《中国社会科学》，1982(1)。

② 舒志定：《人的存在与教育——马克思教育思想的当代价值》，179 页，上海，学林出版社，2004。

③ 苏联教育科学院：《列宁论教育》(上卷)，37 页，北京，人民教育出版社，2001。

④ 人民教育出版社：《毛泽东论教育》(第三版)，291 页，北京，人民教育出版社，2008。

"为了培养社会主义建设需要的合格的人才，我们必须认真研究在新的条件下，如何更好地贯彻教育与生产劳动相结合的方针。"①总之，我们必须从根本上理解教育与生产劳动相结合的含义，将教育与生产劳动相结合视为社会主义教育的根本原则和重要途径。

四、劳动教育观：劳动教育的
本质在于培养劳动价值观

通过对马克思、恩格斯著作中劳动价值观的粗线条梳理不难发现，马克思、恩格斯对于劳动价值观的理解主要存在三种相互联系的解释模式。第一种是历史唯物主义的解释模式，强调劳动创造世界、劳动创造历史、劳动创造人本身；第二种是政治经济学的解释模式，强调劳动是商品价值的唯一源泉、劳动剥削是资本主义的社会本性、按劳分配是实现社会正义的重要原则；第三种是教育学原理的解释模式，强调劳动形成人的本质、劳动是实现人的全面发展的重要途径、教育与生产劳动相结合是社会主义教育的根本原则。

----

① 中共中央文献研究室：《邓小平论教育》(第三版)，69 页，北京，人民教育出版社，2004。

这三种有关劳动、劳动价值观的论述，既是整个经典马克思主义学说的核心内容，也是深入理解与应用经典马克思主义学说的重要通道。

从教育实践的角度看，经典马克思主义对劳动及其劳动价值观的阐述能够给予我们最重要的启示，则在于社会主义的"劳动教育观"。也就是说，劳动观、劳动价值观决定了劳动教育观，社会主义劳动教育的核心目标只能是促进学习者形成正确的劳动价值观。而基于前述马克思主义的"劳动观"，这一"劳动价值观"的培育，就至少应当涵盖三个方面：一是要让学生认识到劳动具有本源性价值，即劳动是创造物质世界和人类历史的根本动力，劳动、劳动者是神圣、光荣的；二是要让学生认识到劳动具有经济性价值，即劳动是一切社会财富的源泉，按劳分配是合乎正义的分配原则，不劳而获、少劳多得则可耻、不义；三是要让学生认识到劳动具有教育性价值，教育与生产劳动相结合不仅体现社会主义教育的本质，而且热爱劳动、参加劳动才能实现个人的健康成长，不愿劳动、不爱劳动则会阻碍个人的全面发展。

需要注意的是，经典马克思主义关于劳动价值观、劳动教育观的深刻阐述与当前党和国家对于劳动、劳动者、劳动教育等内容的一系列决策和重要论断亦是一脉相承的。具体来看，从 20 世纪 80

年代开始，把广大中小学生培养成德、智、体、美、劳全面发展的社会主义事业的建设者和接班人，就一直是我国长期坚持的教育方针。党的十八大报告中，明确指出全社会应认真贯彻和落实"四个尊重"，即"尊重劳动、尊重知识、尊重人才、尊重创造"。其中，"尊重劳动"作为四个尊重之首，足见党和国家对劳动以及劳动者的重视。而在 2015 年"五一"劳动节前夕，习近平总书记在庆祝"五一"国际劳动节暨表彰全国劳动模范和先进工作者大会的重要讲话中再次强调，"无论时代条件如何变化，我们始终都要崇尚劳动、尊重劳动者，始终重视发挥工人阶级和广大劳动群众的主力军作用"，以及"要教育孩子们从小热爱劳动、热爱创造，通过劳动和创造播种希望、收获果实，也通过劳动和创造磨炼意志、提高自己"。[1] 而在 2016 年"知识分子、劳动模范、青年代表座谈会"的重要讲话中，习近平总书记再次指出，"人类是劳动创造的，社会是劳动创造的。劳动人民是国家的主人。要实现中华民族伟大复兴，必须依靠知识，必须依靠劳动。"[2]可以看到，这一系列政策和重要

---

[1] 《庆祝"五一"国际劳动节暨表彰全国劳动模范和先进工作者大会隆重举行》，北京，人民日报，2015-04-29。
[2] 《在知识分子、劳动模范、青年代表座谈会上的讲话》，北京，人民日报，2016-04-30。

论断进一步丰富和发展了经典马克思主义对于劳动价值观、劳动教育观的论述，更是成为建设新时代中国特色社会主义教育理论体系的重要思想来源。

为了适应新时期、新常态的劳动教育现状，当前中小学的劳动教育较之以往有着更为重要的作用和历史使命。对此，教育部、共青团中央、全国少工委曾于 2015 年 7 月 20 日发布《关于加强中小学劳动教育的意见》(简称《意见》)，对于劳动教育的主要目标、基本原则、关键环节和保障机制进行了详细阐释。《意见》在表述"明确劳动教育的主要目标"时，就开宗明义："通过劳动教育，提高广大中小学生的劳动素养，促进他们形成良好的劳动习惯和积极的劳动态度，使他们明白'生活靠劳动创造，人生也靠劳动创造'的道理，培养他们勤奋学习、自觉劳动、勇于创造的精神，为他们终身发展和人生幸福奠定基础。"[①]虽然文件没有明确提出"劳动价值观教育"这样的概念，但是这一目标表述中已经明确提出要促进中小学生形成良好的劳动习惯、劳动态度和劳动精神，特别值得肯定的是，该《意见》格外强调要让中小学生理解"生活靠劳动创造，人生

---

① 《教育部 共青团中央 全国少工委关于加强中小学劳动教育的意见》，载《中国德育》，2015(16)。

也靠劳动创造"这一道理，应该说，"劳动价值观教育"的意涵已经得到了基本确认。从中也可见该《意见》在对劳动教育的推进上，有着明显的现实针对性。

此外，汲取经典马克思主义对于劳动及其劳动价值观的阐述，并进一步明确劳动教育的本质在于培养正确的劳动价值观，对于构建中国特色社会主义教育理论体系有着非常特殊的意义。无论是强调劳动的社会历史意义，还是尊重作为财富创造主体的劳动人民，抑或追求按劳分配的正义原则以及反对资本主义性质的劳动剥削，这些经典马克思主义所认可的劳动价值观都体现了社会主义性质的价值观。而在具体的学校教育实践中，能否如实贯彻这些劳动价值观甚至成为区别社会主义教育和资本主义教育的标志性特征。所以，如果我们要建设中国特色社会主义、要办真正的社会主义教育，重温经典马克思主义有关劳动、劳动教育的论述就显得极为重要，也理应引起所有教育工作者的重视。

总而言之，依托经典马克思主义对劳动及其劳动价值观的理论阐述，并将其作为当前学校劳动教育的理论依据，明确劳动教育的核心在于培养学生形成正确的劳动价值观，继而培育出热爱劳动、尊重劳动者、积极投身于社会主义建设事业的合格公民，应当是我国开展劳动教育的根本出发点和核心教育目标。

劳动教育的概念理解

——如何认识劳动教育概念的基本内涵与基本特征①

自 2018 年 9 月 10 日习近平总书记在全国教育大会上号召"要在学生中弘扬劳动精神，教育引导学生崇尚劳动、尊重劳动，懂得劳动最光荣、劳动最崇高、劳动最伟大、劳动最美丽的道理，长大后能够辛勤劳动、诚实劳动、创造性劳动"②以来，劳动教育已成为教育工作者特别关注的概念。但是人们对于与劳动教育相关的诸多概念的理解见仁见智，对于劳动教育本身内涵及特征的理解，更是众说纷纭。本文在对劳动教育与相近概念进行辨析的基础上，力图对劳动教育的概念内涵、基本特征进行较为明晰的厘定，希望对劳动教育的理论研讨及实际工作有所裨益。

---

① 本文已见刊于《中国教育学刊》2019 年第 2 期，本次出版略有改动。
② 《习近平出席全国教育大会并发表重要讲话》，新华社，2018-09-10。

一、劳动、实践、活动

(一)劳动、实践、活动三概念的一般含义

劳动,是人类实践活动的一种特殊形式,多指创造物质财富和精神财富的活动。在《中国大百科全书》哲学卷中,劳动的定义为"劳动是人类特有的基本的社会实践活动,也是人类通过有目的的活动改造自然对象并在这一活动中改造人自身的过程"。在经济学中,劳动则是指劳动力(含体力和脑力)的支出和使用。例如在《资本论》中,马克思对劳动的定义为:"劳动力的使用就是劳动本身。劳动力的买者消费劳动力,就是叫劳动力的卖者劳动。"①

实践,是重要的哲学范畴,就是人们能动地改造和探索现实世界一切客观物质活动,实践具有客观性、能动性和社会历史性等基本特征。实践的主要形式包括改造自然的物质劳动、改进社会关系的社会活动,以及探索世界奥秘的科学探索活动等。实践的主体是人,实践的手段是人所创造的工具及其应用,实践的对象则是人接触、改造的一切客观对象。换言之,实践是主体和客体的中介,是

---

① 《马克思恩格斯全集》第四十二卷,167 页,北京,人民出版社,2016。

主观见之于客观的感性过程。

(人的)活动，一般是指人类有目的的运动，更多的是一种日常词汇，而最广义的活动概念则指人类的一切运动形式。活动当然包括物质实践活动，但思维或者精神的运动也是活动的类型之一。实践、劳动都是活动的类型。

概言之，活动、实践、劳动，是前者包含后者的关系。而劳动，可以视为社会实践活动的一部分，或者社会实践的特殊形式之一。

(二)劳动、实践、活动三概念的教育意涵

劳动、实践、活动三概念在教育语境中的意涵，则与"劳动教育""社会实践活动""活动课程"等概念的具体使用有密切联系。

"劳动教育"，是以促进学生形成劳动价值观(即确立正确的劳动观点、积极的劳动态度，热爱劳动和劳动人民等)、养成劳动素养(有一定劳动知识与技能、形成良好的劳动习惯等)为目的的教育活动。劳动还与"劳动技术教育""通用技术教育"等概念相关。不过"劳动技术教育"较强调技术的学习，与职业定向存在更密切的关联；而"通用技术教育"则是开展科学的应用及基础技术教育的课程形式，"通用技术"是其教育重点，劳动已不是其核心意涵。换言之，劳动教育是面向所有教育对象的普通教育，而"劳动技术教育"

"通用技术教育"两个概念虽也有"劳动"的要素，但较多指向具体技术或者通用技术的学习等，强调的重点有显著差异。

"社会实践活动"，一般指学校组织学生走出校门，以了解社会、服务社会为目的的教育活动。了解社会的活动包括参访、调查等形式，服务社会则包括劳动体验、志愿者活动等。"社会实践活动"的教育功能虽然是全方位的，但是一般认为其核心价值在于助益学生的德育。因此，社会实践活动常常被看成是学校德育的重要途径之一。

"活动课程"，又称经验课程、儿童中心课程，一般是指以儿童"活动"的动机及线索来组织的课程形态。杜威、陶行知等人认为传统的学科逻辑不能激发儿童的学习兴趣，从而主张以儿童生活为中心组织课程，以满足儿童当前的学习需要和兴趣。在活动课程的概念里，"活动"具有强烈的儿童主体性，但是其含义与"生活"概念较为接近，是一个十分广泛的范畴。换言之，"活动"并不专指"劳动"。

故在教育话语情境中，活动、实践、劳动，除了包含（前者包含后者）关系，三概念还有因为使用的教育情境而产生的特定意涵。劳动是学生参与社会实践活动的形式之一，劳动、实践两者的重点都指向教育活动所要养成的素养目标，具有一般或者普通教育的意涵与教育价值，而活动则是指儿童生活与学习一种更为普遍的形态，指向教育活动的形式、结构安排等。

二、劳动精神、劳动价值、劳动素养

（一）劳动精神

"精神"一是指"人的意识、思维活动和一般心理状态"，二是指"（人）所表现出来的活力""活跃；有生气"①。而劳动精神，主要指人们对劳动的热爱态度以及劳动者在劳动过程中体现出来的积极人格气质。前者包含对劳动价值的认识、对劳动的正向态度以及对劳动者、劳动过程、劳动成果的尊重等。习近平总书记所说的"要在学生中弘扬劳动精神，教育引导学生崇尚劳动、尊重劳动，懂得劳动最光荣、劳动最崇高、劳动最伟大、劳动最美丽的道理，长大后能够辛勤劳动、诚实劳动、创造性劳动"，即主要指前者。后者是指对劳动热爱的态度在劳动主体身上的体现，包括劳动者身上所具有的对劳动的积极评价、敬业态度、积极性、创造性等，比

---

① 中国社会科学院语言研究所词典编辑室：《现代汉语词典（汉英双语）》，1025 页，北京，外语教学与研究出版社，2002。

如劳动教育使得学生"长大后能够辛勤劳动、诚实劳动、创造性劳动"就有人格意味。在日常生活中，劳动精神的学习常常与向劳动者尤其是向"劳动模范"的榜样学习联系在一起。

(二)劳动价值

价值，在经济学中指体现在商品里的"社会必要劳动"，劳动价值的目的是使使用价值增殖。在哲学中，价值概念则与对事物之于主体作用的主观评价活动联系在一起，"价值是客体向主体呈现的意义"①，故与"价值观"密切相连。英文中的"value"也有上述两种意涵。除了表达事物有用性这个意涵，价值又与"评价""价值观"紧密相关，例如西方教育理论之一"价值澄清理论"里的"价值澄清"(value clarification)，实际上是指对个体"价值观"的澄清。在教育情境中，劳动价值主要包含"劳动的价值"和"劳动对教育的价值"两个维度。前者指向劳动对人类生活的有用性及劳动的社会意义，后者则是指劳动对促进人的全面发展的教育意义。在教育活动中，"劳动价值"与"劳动价值观"是两个相关联但指向不同的概念。"劳动价值观"不是指劳动本身的价值(劳动价值)，而是指人们对

---

① 檀传宝：《教育是人类价值生命的中介：论价值与教育中的价值问题》，载《教育研究》，2000(3)。

于劳动价值的主观认识。当人们日常用语所说要帮助学生确立"劳动价值"时,实际所指为培育学生的"劳动价值观"。而由于"劳动价值观"是指"人们对于劳动价值的主观认识",是对劳动价值全部主观评价的抽象,培育"劳动价值观"比培养"劳动精神"概括的范围更广。

(三)劳动素养

"素养"与"素质"虽然在日常生活中人们常常交叉使用,但却是不同的概念。"素质"一般是事物本来的性质,具有先天性,心理学里的素质是指人的神经系统、感觉器官上的先天特点等。而"素养"则是指人的日常(即"素")修养(即"养"),主要指向后天养成的人格品质。"素质"是中性的、描述性概念;"素养"也有描述性特征,但在很多时候则是规范性概念,具有价值的正面性,故"素养"在很多场合与"教养"可以是同义词。当人们说某人没"素质"的时候(实际上是一种概念的误用),并非说某种先天品质的缺失,实际所指乃正面的"素养"或者"教养"不够。劳动素养,指经过生活和教育活动形成的与劳动有关的人的素养,包括劳动的价值观(态度)、劳动的知识与能力等维度。同时"劳动素养"也具有规范性概念的特征。说某人具有"劳动素养",实际上指某人具有"好的"劳动素养(教养)。一个有良好劳动素养的人,一方面应当有对劳动价值的正确认识及积极态度，另一方面一定也有对劳动的理论知识与劳动的实践策略的娴熟了解和掌握，有良好的劳动习惯。故广义的"劳动素养"包含"劳动价值观"，狭义的劳动素养则专指与劳动有关的知识、能力、习惯等。

三、劳动教育概念的基本内涵与基本特征

综合以上概念分析，我们大致可以勾勒出如下劳动教育概念的基本内涵与基本特征。

(一)劳动教育的基本内涵

"劳动教育"是以提升学生劳动素养的方式促进学生全面发展的教育活动。由于"劳动价值观"是劳动素养的核心内涵，"劳动教育"也可以定义为：劳动教育是以促进学生形成劳动价值观(即确立正确的劳动观点、积极的劳动态度，热爱劳动和劳动人民等)、养成良好劳动素养(形成劳动习惯、有一定劳动知识与技能、有能力开展创造性劳动等)为目的的教育活动。

在劳动价值观方面，劳动教育要努力帮助学习者：第一，确立正确的劳动观点、积极的劳动态度(即具有"劳动精神")，拒绝"好逸恶劳""不劳而获"等错误的价值观；第二，形成尊重、热爱劳动

过程、劳动成果和劳动主体——劳动人民("劳动精神"的体现)的价值态度。

在养成良好劳动素养(狭义的)方面,劳动教育则要特别强调:第一,促进学生具备一定劳动知识与技能,成为全面发展的人;第二,发展学习者创造性劳动的潜质,成为新时代所需要的创造性劳动者;第三,形成良好的劳动习惯,成为一个"流自己的汗、吃自己的饭"(陶行知先生语)、有尊严、有教养的现代人。

(二)劳动教育的基本特征

劳动教育作为以提升学生劳动素养的方式促进学生全面发展的教育活动,有如下基本特征。

1. 劳动教育具有普通教育的特征

亦即,劳动教育旨在落实全面发展的教育方针,具有普通教育的属性。从马克思主义经典作家开始,"教育与生产劳动相结合"等劳动教育命题的着眼点,就在于培育在体力、脑力上均获得全面发展的人。劳动教育具有立德、益智、健体、育美等较为全面的教育功能。因此虽然职业教育往往包含较多的劳动教育成分,但是劳动教育却是覆盖不同教育类型的教育形态,职业教育、普通教育,大、中、小、幼不同学段的教育,都要开展劳动教育。而由于这一普通教育的属性,劳动教育在基础教育阶段具有更为重要的意义。

2. 劳动教育具有价值教育的属性

如前所述，劳动教育区别于当代社会以发展基础技术能力为核心目标的"通用技术教育"等概念。劳动教育所要培育的劳动素养，当然包括形成劳动习惯、有一定劳动知识与技能、有能力开展创造性劳动等，但劳动价值观才是劳动素养的核心。虽然劳动教育的开展离不开具体的劳动形式以及专门劳动技术的学习，但真正健康的劳动教育则应当特别注重核心目标的达成，即努力帮助学生确立正确的劳动观点、积极的劳动态度，努力帮助他们形成尊重、热爱劳动过程、劳动成果和劳动主体——劳动人民的价值态度。

3. 劳动教育具有强烈的时代特征与社会属性

由于人类劳动的形态处在不断演进的过程之中，劳动形态也在不断变化，具体表现为脑力劳动的比重不断增加、新形态的劳动不断形成。所以，劳动教育包括参加体力劳动，但又不能狭隘地理解为简单的体力劳动锻炼。劳动教育应当依据劳动形态的演进而与时俱进。创造条件让学生参加服务形态的劳动、创造性劳动等，应当成为当代劳动教育的新方向。此外，劳动价值观形成的基础是社会大众对劳动价值的真实确认，若社会没有尊重劳动的分配机制与舆论氛围，学校的劳动教育就必然孤掌难鸣、难有实质成效。因此，学校必须与家长和社会真正携手合作才能取得劳动教育的实效。

综上所述，以上对于劳动教育相关概念以及劳动教育本身的分析对于今后劳动教育的开展，至少有几点方向性的启示：一是劳动教育不等于一般性的活动、实践等，劳动教育要义在于通过劳动培育受教育者全面发展的人格。二是劳动教育不等于具体劳动技术的学习，劳动教育当然包括劳动技术的学习，但劳动教育的核心目标应当是劳动价值观的培育。三是劳动教育包括但不等于体力劳动锻炼，那种有意无意将劳动教育等同于 20 世纪 50—70 年代"学工、学农"等劳动教育旧形态的思维，已经无法适应 21 世纪中国全面改革开放的社会实际。在当前形势下，劳动教育应当被大力倡导，但要落到实处，其观念与实践无疑都应当与时俱进。

2018 年 11 月 29 日、 12 月 30 日

于京师园

劳动教育如何"不忘初心"？

——劳动教育的价值本质、现实畸变与合理回归①

本文希望通过价值分析讨论学校劳动教育的问题与改进。但为行文更为生动，不妨先从对"五一"劳动节的观察与思考开始。

一、"劳动节"里为何没有"劳动"？

每年"五一"劳动节，除了中央电视台、《人民日报》等官方媒体，一般社会媒体连篇累牍的报道永远都会聚焦在节日期间的赏花、远游、奇闻趣事等娱乐性事件上。这就不免让人唏嘘：在游人如织、人头攒动的场面里，在所有人都兴高采烈"过节"的时候，有

---

① 本文曾以《劳动教育的本质在于培育劳动价值观》为题见刊于《人民教育》2017 年第 9 期，本次出版略有修改。

多少人会留意"五一"节与其他节庆的本质不同？

"五一"节，指"五一"国际劳动节、"国际示威游行日"（Inter-national Workers' Day，May Day）。其起源是 1889 年 7 月 14 日，由恩格斯领导"社会主义国际"（第二国际）在巴黎召开的第一次代表大会。会议通过的《劳工法案》及《五一节案》，决定以同盟罢工作为工人争取应有权益的斗争武器，并决定把 5 月 1 日这一天定为国际劳动节（规定 1890 年 5 月 1 日，世界各国的劳动者举行示威游行，庆祝劳动节）。目前世界上仍然有 80 多个国家将"五一"节设定为全国性节日。中华人民共和国成立后不久，中央人民政府政务院即于 1949 年 12 月做出决定，将 5 月 1 日确定为"劳动节"。1989 年起，国务院基本上每 5 年表彰一次全国劳动模范和先进工作者，每次表彰数千人。

换言之，"五一"劳动节设立的初衷或本意大体有两个：一是用示威游行方式来争取劳动者权益（如八小时工作制等）；二是肯定、褒扬劳动以及劳动者的价值。今天，即便不是所有人都已经忘记，但多数人已遗失"初心"或不再关心劳动节设立的初衷、本意，已经是比较确定的事实。一句话，在一个"娱乐至死"的媒体年代，"五一"劳动节的现实概念里，已经只有"节日"、没有"劳动"——很大程度上，"五一"节已趋向于一种无内容、无灵魂的全民狂欢或休闲假期。

与"五一"劳动节的异化相似，学校的"劳动教育"也已在现实中畸变得厉害。而"劳动教育"的现实畸变，又何尝不是与劳动节异化相同的一种社会价值畸变的翻版？

二、"劳动教育"的现实畸变

我们可以明显观察到的学校劳动教育的畸变，至少有以下三种形式。

(一)劳动教育畸变为技艺学习

劳动教育畸变为技艺学习，在一些学校给人参观的"劳动教育秀"里体现得最为充分。一些学校最爱给来访者展示的，往往都是孩子们的手工艺品，例如陶艺、手工、剪纸……许多展览可谓琳琅满目，蔚为壮观。凭良心说，孩子们学会这些手工制作，意味着既动脑又动手，手工课既是劳动教育又是审美教育，开好这些劳技课程也并不容易。不过问题在于，如果学校的劳动教育只是教会了儿童某些简单手艺，而在技艺学习过程中，儿童对于材料的节省使用、对劳动价值的切身体认，以及对劳动者尊重等劳动价值观的教育付之阙如，那么劳动教育的本质便不复存在。其结果必然是：一些学会某门手艺的儿童只是在为自己的"聪明才智"自豪；而另外一些儿童在体验到劳动的艰辛之后，有可能得出的结论是：长大后绝不做辛苦的劳动者——这也是劳动人民子女通过漫长的学校教育后，往往更不尊重他们作为"劳动者"（尤其是体力劳动者）的父母，发誓不再做他们父母一样的"劳动者"的原因之一。

（二）劳动教育畸变为休闲娱乐

这一畸变在毕业班最为常见。学生们"拼搏"（复习、考试等）得太累之后，一些学校、班级会安排某些"劳动教育"，让大家艰苦的学习生活"放松放松"。这样，到田间地头、到工厂车间的所谓"劳动教育"就已经完全蜕变为一种纯粹的娱乐活动。"少爷小姐"式的走马观花，多了观光的轻佻、少了教育的厚重。因为既然功能上只是让学生紧张的学习生活得以"调剂"与"放松"，则这一嘻嘻哈哈的"劳动教育"类型，当然也就已经远离了对于劳动、劳动过程、劳动成果及劳动者的起码敬畏。这种劳动教育其实质是一种"劳动观光"，已经与有意义的"劳动教育"完全无关。

（三）劳动教育畸变为惩罚手段

劳动变成某种惩罚手段是最恶劣的畸变，但是在中国社会存续已久。很多人还认为这一惩罚形式既避免了体罚等引起的伦理争议，又可以让学生得到合理规训，是一个"不错"的教育手段。于是，每当中小学生犯错，班主任就可能宣布：罚擦黑板或者打扫卫生一周！

这有点像 2013 年已经废除，但是在新中国成立后却实行很久，学习苏联建立起来的劳动教养理念、制度及其变异。建立劳动教养制度的初衷是"根据中华人民共和国宪法 100 条的规定，为了把游手好闲、违反法纪、不务正业的有劳动力的人，改造成为自食其力的新人"①，但是后来泛化成对所有轻微犯罪、有各种政治或道德问题，但不足以判刑人员的行政处罚。

但是问题在于，当本来具有正面、积极价值的劳动异化为一种处罚手段使用时，被处罚者对于劳动的体验就自然与行动被强制、自由被剥夺等负面、消极的心理感受建立起联系，劳动也就必然被视为一种痛苦的、应当尽量避免的人生经验。而劳动一旦被受教育者看成负面的心理体验（或厌恶刺激、负强化物），劳动的宝贵价值也就被完全遮蔽，劳动又如何能够发挥其积极的"教育作用"呢？

---

① 1957 年 8 月 3 日，中华人民共和国国务院公布、经过 1957 年 8 月 1 日全国人民代表大会常务委员会第七十八次会议批准《关于劳动教养问题的决定》，2013 年 12 月 28 日，第十二届全国人民代表大会常务委员会第六次会议予以废止。

三、劳动教育的价值本质与合理实践

"劳动教育"现实畸变的诸多表现，有一个最根本的原因，那就是推行劳动教育者已经忘记劳动教育的价值本质。那么什么才是"劳动教育的价值本质"？中国是社会主义国家，我们不妨从马克思、恩格斯的有关论述那里寻找某些关键智慧。

马克思、恩格斯至少从三个角度表达了对劳动价值的看法：首先，"劳动是一切价值的创造者"①。即劳动不仅创造了财富，而且创造了人类自身、美与人类的全部文化。因此劳动以及劳动者具有"无上光荣"的价值。其次，劳动者反而被自己所生产的产品、生产过程、劳动价值符号(如货币)等劳动要素所奴役的劳动价值的异化，是现代资本主义制度的罪恶，应当通过社会变革，特别是社会主义的实践予以拨乱反正。最后，劳动是脑力与体力的统一，"劳动过程把脑力劳动和体力劳动结合在一起"②。机器大工业、现代社会的分工导致了体力劳动与脑力劳动的第二次分离，也必将促进

---

① 《马克思恩格斯选集》第三卷，239 页，北京，人民出版社，1972。
② 《马克思恩格斯全集》第二十三卷，555 页，北京，人民出版社，1972。

两者在更高水平上的结合。社会主义教育应当努力贯彻教育与生产劳动相结合的原则，以培养具有健全体力和脑力的新型劳动者，具有自由个性的"全面发展的人"。

因此，在马克思主义者看来，劳动教育的本质目标也就只能是：通过适当的教育途径培育具有健康劳动价值观、追求社会正义、实现体力脑力结合，以及养成具有自由个性的"全面发展的人"。因此，健康的劳动教育应当强调的重点当然是：（1）劳动价值观：劳动、劳动者光荣；好逸恶劳、不劳而获可耻。（2）社会制度正义：反对和逐步消除劳动异化，鼓励受教育者追求"按劳分配"等社会主义分配原则与社会制度正义。（3）现代教育观：教育应当与生产劳动相结合，培育具有自由个性(在劳动过程中也就是具有劳动的内在热情与劳动创造性)的"全面发展的人"。

应当特别强调的是，劳动教育虽然包括劳动技能的学习、调节紧张学习生活等功能，但其最核心、最本质的价值目标却只能是：培育学生尊重劳动的价值观，培育受教育者对劳动的内在热情与劳动创造的积极性等劳动素养。后者为本，前者为用，劳动教育在实践上切不可本末倒置。学校劳动教育的种种畸变不是忘记了劳动教育的本质，就是将核心目标与一般功能混为一谈，值得广大教育工作者警醒。

为了加强劳动教育，教育部、共青团中央、全国少工委曾经于2015年7月发布了《关于加强中小学劳动教育的意见》(简称《意见》)。《意见》在表述"抓好劳动教育的关键环节"时，第一条就是强调要"落实相关课程。要根据《义务教育课程设置实验方案》和《普通高中课程方案(实验)》，将国家规定的综合实践活动课程、通用技术课程作为实施劳动教育的重要渠道，开足开好。要明确并保证劳动教育课时，义务教育阶段三到九年级切实开设综合实践活动中的劳动与技术教育课，普通高中阶段严格执行通用技术课程标准，课时可视情况相对集中。各地各校可结合实际在地方和学校课程中加强劳动教育，开设家政、烹饪、手工、园艺、非物质文化遗产等相关课程。在德育、语文、历史等学科教学中加大劳动观念和态度的培养，在物理、化学、生物等学科教学中加大动手操作和劳动技能、职业技能的培养，在其他学科教学和少先队活动课中也应有机融入劳动教育内容。"《意见》对于劳动教育的推进，具有重要的现实针对性。

特别值得肯定的是，该《意见》还开宗明义要求"明确劳动教育的主要目标"，即"通过劳动教育，提高广大中小学生的劳动素养，促进他们形成良好的劳动习惯和积极的劳动态度，使他们明白'生活靠劳动创造，人生也靠劳动创造'的道理，培养他们勤奋学习、自觉劳动、勇于创造的精神，为他们终身发展和人生幸福奠定基础。"虽然文件没有更明确地提出"劳动价值观教育"这样的概念，但是这一目标表述中已经明确提出要促进中小学生形成良好的劳动习惯、劳动态度，培育其勤奋学习、自觉劳动、勇于创造的精神，特别是"使他们明白'生活靠劳动创造，人生也靠劳动创造'的道理"，应该说，"劳动价值观教育"的意涵已经得到了基本确认，希望广大教育工作者能够做准确的体认，大家一起努力，让劳动教育"不忘初心"，早日回归健康的轨道。

总而言之，对劳动教育概念、劳动教育的本质等做前提性反思，是正确开展劳动教育的前提。所谓劳动教育的现实畸变的分析，以及劳动教育合理回归的建议，也完全仰赖这一前提性反思。

2015 年 9 月 10 日

2016 年 5 月 2 日、7 月 16 日、8 月 13 日

2017 年 3 月 1 日

于京师园三乐居

劳动教育的核心是培养劳动价值观

——访北京师范大学教授、公民与道德研究中心主任檀传宝①

《中国德育》：檀老师，您好！很高兴您能接受我们的采访。每逢"五一"国际劳动节，人们都会谈论起与劳动有关的话题。"教育与生产劳动相结合"是马克思主义教育思想的重要组成部分，是实现人的全面发展的重要途径。随着时代的发展，特别是我国国内生产总值跃居世界第二，人均生产总值逐年递增，富裕之后的中国和人民，对劳动教育的认识也必然会产生变化。能否谈谈您是如何理解劳动教育在当代中国社会的作用和内涵的？

檀传宝：劳动教育对于今天的中国非常重要，它的重要性大体可以从以下三个维度去考虑。

第一，从社会问题的角度考虑。你会发现如今在中国，很多社

---

① 本文已见刊于《中国德育》2017 年第 9 期，本次出版略有改动。

会的病态都与劳动教育开展的成效不高有密切关联。比如，一些人为富不仁，一些人一心想赚快钱，还有很多人喜欢炫富，等等。这些社会乱象背后的逻辑，其实都是不劳而获或是少劳多得。或者，我们从特定角度看，很多社会病态都可以归因于与劳动有关的价值观的偏差，需要通过在全社会确立正确的劳动价值观去克服。

第二，从社会发展的角度考虑。正如你在问题中所说的，现在咱们国家的国内生产总值（GDP）已经跃居世界第二，很快将会成为第一。我们的人均GDP也已超过7000美元（注：至2022年已突破1.2万美元），达到中等收入国家的水平。可以说整个社会包括我们的教育都处于一个转型升级的过程中。那么，当我们告别了以体力劳动为主导的旧时代之后，有一些课题会变得越来越重要。比如，随着社会越来越发达，脑力劳动的比重会不断增加，但最基本的体力劳动的成分依然存在。那么，在当今这个时代，我们应该怎样去定义劳动教育所说的"劳动"呢？究竟怎样的社会安排才更有利于让人们在劳动中获得尊严、拥有劳动的光荣？应当怎样让青少年乃至整个社会看到体力劳动、脑力劳动的价值与意义？直面、回应这些课题，在这个时代已经非常迫切、重要。从更积极的角度看，一个能够拥有劳动意义感的劳动者可以更愉快地生活。让全体国民，特别是少年儿童认识到劳动的意义，从而愉快地劳作，这对于新时代中国人生存质量的提升更是具有重要的现实意义。

第三，从教育本身的角度考虑，强调劳动教育是社会主义教育最重要的特征之一。一方面，根据马克思的"教育与生产劳动相结合"的理念和关于"人的全面发展"的理论，社会主义教育本来就特别重视劳动教育；另一方面，社会主义运动说到底是为劳动人民主张权利的，是以承认劳动和劳动者的价值为非常重要的价值原则、教育原则的。按劳分配是社会主义的原则，让劳动者克服劳动异化状态，摆脱剥削压迫，过有尊严的生活，这本来就是整个社会主义运动最为根本的一个诉求。从价值体系上讲，无论是十月革命后的苏联还是今天的中国，崇尚劳动价值、追求劳动创造、尊重劳动创造的主体——劳动人民，都一直是最核心的社会主义价值观。高度重视劳动教育，可以说是社会主义教育明显区别于资本主义教育形态的标志性特征之一。所以，如果我们要建设中国特色社会主义、要办真正的社会主义教育，按照习近平总书记讲的"不忘初心"，劳动教育就应该引起所有教育工作者的高度重视。

《中国德育》：劳动教育的内涵可以说是十分广泛的，内容也很丰富，包括了劳动技术、社会公益劳动、家务劳动，等等。在您看来，当前我国中小学开展劳动教育，主要应该包含哪些方面的内容呢？

檀传宝：你提到的这些都是劳动教育的具体形态，但是形态的划分标准不一样，比如说以场域划分的话，就包括家务劳动、学校劳动、社会公益劳动等。我更多的是想谈另外一个标准，我觉得无论是在学校、社会还是家庭中，劳动教育的内容可以分为两方面，一方面是外显的部分，比如说在劳动过程中学一些劳动技能，产出一定的劳动产品等；另一方面，我认为之所以要开展劳动教育，是因为在外显的部分里面隐含的东西才是最重要的，那就是正确的劳动价值观的培养。劳动教育固然要学劳动技术，应该有劳动产品的产出，但是对于学生发展来讲，最根本的目标不是要生产多少产品，而是确立劳动价值观。马克思主义的价值理论里，有非常崇尚和强调的一些原则。比如，历史唯物主义学说所强调的劳动创造世界、劳动创造人本身、劳动创造历史；政治经济学理论所强调的劳动是一切价值的基础，以及按劳分配、多劳多得、不劳动者不得食的分配原则；教育理论所强调的体力、脑力的结合，教育与生产劳动相结合等教育原则；等等。开展这些马克思主义劳动价值观的教育对于孩子的健康发展是十分重要的。就是说：劳动教育要特别注意让孩子通过参与劳动实践，体会到劳动的价值和意义，学会珍惜劳动果实、尊敬劳动人民。我认为当前我国中小学开展劳动教育最根本的出发点应该是这个。

《中国德育》：您认为劳动教育最根本的是进行劳动价值观的教育，那么我们应该如何通过劳动教育，让学生形成正确的劳动价值观、劳动态度和劳动习惯呢？

檀传宝：真正要把劳动价值观、劳动态度和劳动习惯建立起来，当然是要靠学校来进行相关的教育的。但仅仅依靠学校是不够的，我觉得还有非常关键的一点是社会风气和家长的观念要有所改变。如果社会本身风气就不好，比如我们在网上经常看到"富二代"炫耀其不劳而获的生活，居然还有很多人羡慕不已。那么在这种情况下，学校想要有效开展劳动价值观教育，肯定会遇到重重阻力。另外，很多家长在心底里其实并不认为劳动观念是重要的，认为只要学习好，孩子在家里可以什么都不干。在这种情况下，谈怎么培养孩子的劳动习惯就会很困难，因为在家庭生活中根本没有加强劳动教育的土壤。

对学校教育来讲，我觉得有两点很重要。第一，劳动教育本身要在学校的活动课程体系中占有一席之地。第二，在整个学校文化中确立崇尚劳动的价值观应该成为当前学校最重要的工作之一。如果学校生活里本身就存在大量不尊重劳动的现象，那么就算学校有劳动课，作用也会很有限。因为在日常生活里学生较少体会到劳动的意义与价值。所以，我认为社会氛围的改变，包括学校文化环境的改变，在孩子成长的环境中形成一种崇尚劳动、热爱劳动的风气，是比开设多少劳动课程更为重要的。

《中国德育》：当前在我国中小学劳动教育被弱化、被边缘化也是不争的事实，甚至还有老师将劳动作为惩罚学生的一种手段。您认为造成这种局面的主要原因是什么？如何改变这种现状呢？

檀传宝：目前可以说劳动教育被弱化和边缘化非常厉害。我认为主要有三种表现：第一，把劳动看成是一种惩罚，比如迟到了罚做一周的值日等。劳动本身是非常美好的一件事，但是当劳动和惩罚等负面心理体验建立联系的时候，就是反劳动教育，而不是劳动教育。第二，劳动教育变为学习一种技能。设想一下，学生花很长时间只是学会了怎么剪纸，如果这一学习对他的课业成绩、身心健康没有太大作用，那么这样的劳动教育肯定会被边缘化。通过劳动生产和实践的确应该、也有可能学到某种技能，但是劳动如果仅限于技能的学习，而有些技能高考又不需要，这样的劳动教育怎么可能不被边缘化呢？第三，劳动教育成为一种娱乐，比如一些毕业班学生平时学习很辛苦，所以一些学校会组织他们去参观一下工厂、农村，做个生活的调剂，这就更没有意义了。现在很多学校每年都会有一些劳动安排，认为这就是带着学生开展劳动教育了。其实所谓"劳动安排"，基本就是一学期甚至一学年用一天或半天时间带学生"活动"一下，而这就同时意味着平时学生都不会做这些"劳动"的"活动"……这样的劳动教育，效果当然会极其有限。因此，上述这三种思维或改变、或窄化了劳动教育的功能。

这就回到了刚才的问题，劳动教育在学校里被边缘化，甚至有的学校根本就没有劳动教育。我觉得最根本的原因还是大家对劳动所蕴含着的最重要的教育价值没有清醒的认识。劳动教育其实有时候只是要还原某些人生的常识。例如，如果所有人都不种庄稼，粮食从哪里来呢？这是常识，但问题是现在很多人会忘记，一心想着不劳而获，不愿意通过辛勤劳动去创造价值。其实，劳动教育也可以有使人愉悦的功能。但劳动教育真正的愉悦，应该是对劳动过程、劳动果实的欣赏所带来的那种精神性愉悦。在帕夫雷什中学，曾经有个非常重要的节日叫面包节。孩子们种的头一茬麦子收获以后，磨成面粉做成面包，苏霍姆林斯基会让孩子们请自己的家长来品尝。这个时候孩子们的愉快真正是劳动的喜悦——由他们亲手种植的小麦做成面包的那种芬芳，是劳动的芬芳，能够鼓励孩子以后再去进行新的劳动，而不是肤浅地认为"劳动就是我学习累了、去放松一下"，那不是真正的劳动的愉悦。

《中国德育》：虽然一直以来学校都有开展劳动教育，比如开设劳技课、组织劳动实践活动等，但并没有达到预期的教育效果。面对这种情况，您认为中小学的劳动教育究竟应该如何开展，才能够真正达到劳动教育的目的呢？

檀传宝：学校劳动教育的效果不好，最主要的原因还是教育工作者对劳动教育的本质认识得不清楚。教师可能模糊地知道劳动教育很有必要，然后就组织学生开展几个相关的活动，但可能还没有真正意识到劳动教育的重要性。实际上劳动与学生成长过程中的方方面面都有关系。以劳技课举例来说，如果认真去安排的话，可以大大促进学生的各科学习的内在动机。教师要让劳技课变成学生日常学习生活的一个综合应用的领域，思考学生在数学、物理、化学、历史、地理等这些课堂上学到的东西，有哪些在劳技课可以用得上？这样就既有劳动教育，又强化了学生学习与社会实践之间的内在关联。劳技课的设计应该是这样的思路，而不是只学一个剪纸或者陶艺就叫劳技课了。因此，我是主张劳技课更多的应该是校本的，学校根据学生每个阶段的学习情况，思考哪些知识可以应用，再去设计劳技课，才是正确的思路。

学校开展劳动教育，专门的活动和课程肯定是必要的，但是不能仅仅通过这一种渠道去实现劳动教育所有的任务。如果我们的教育工作者真正意识到劳动教育的意义，就会明白并不一定非要花很多专门的时间去完成某一个专门的活动，道德与法治、历史课、语文课、班团活动、师生交往中，都可以渗透劳动教育的理念。

除了开展专门的劳动教育课程和活动，在这里我还想强调两件事。第一，教师的教育观念要跟上去。比如现在很多老师本身已经没有劳动光荣的观念了，甚至有些老师特别羡慕那些不劳而获、挣快钱的生活方式。在这种情况下，怎么能够指望他对学生有正面的劳动价值观的引导呢？所以，教师一定要确立正确的价值观、教育观，这对劳动教育是非常重要的。第二，相关课程的建设要跟上去。比如说历史课，过去的历史教育特别强调劳动人民在历史发展过程中的作用，那现在我们是不是也要考虑到这一点？如果历史课就只讲帝王将相，而劳动者在历史中的意义完全被人忘记，那肯定是不对的。无论是历史或其他课程，都要注重挖掘劳动教育的素材。这两点非常关键。如果教师本身没有确立正确的劳动价值观念，或者劳动教育的价值观不能渗透到学科教学里，那么带学生偶尔去专门劳动一下又有什么意义呢？如果是那样，可能劳动课甚至都带有反劳动的性质了——因为大家体验到的只是劳作的辛苦，却感受不到其中的价值，学生就更不愿意劳动了。所以归根结底，整个教育系统要确立正确的劳动价值观，各科教学都应该配合，再加上专门劳动教育的课程安排，才是学校开展劳动教育的有效路径。

《中国德育》：您谈到教师对劳动教育的正确认识十分关键，那究竟如何才能让广大教育工作者充分认识到劳动教育的价值和重要性，进而实践您刚才所说的劳动教育的有效路径呢？从教师专业能力提升的角度，您又有哪些建议？

檀传宝：要让教育工作者对劳动教育的价值有正确的认识，我觉得应该考虑以下几点。第一，劳动教育要从保障社会主义教育性质这个角度去看。所有中国的教育工作者都要清楚地意识到，劳动教育在中国特色社会主义事业中是保证社会主义教育性质的非常重要的方面。第二，从孩子的健康人格成长这个角度来讲。如果孩子从小就抱有不劳而获的想法，他将来必定会非常自私，那样是不会真正幸福的。如果一个人一生都没有体会到劳动的意义，人生将是非常悲哀的。而引导孩子过有创造性的、充实的人生，能够拥有健康的精神人格，是不能离开劳动教育的，教师也一定要认识到这一点。第三，从社会改造的角度来讲。正如我刚才说的，现在有那么多社会病态其实是因为人们看待劳动的观念出了问题。要保障社会的良性发展，有良知、有责任感的教育工作者，就应该责无旁贷、高度重视劳动教育。

对于教师专业能力的提升，我也有两个建议。一方面，现在很多老师，尤其是年轻老师，并不清楚究竟什么是劳动价值观，这就好比数学老师不知道数学，那你怎么教？所以广大教师需要去了解什么是劳动价值观，了解劳动价值观的内容和重要意义。另一方面，当教师明白了劳动教育的价值，具体要去实施的时候，要考虑有创造性地去推进劳动教育，不能把劳动课又变成另外增加的"课业负担"，而是要思考如何把劳动教育和其他科目的学习联系起来，形成综合学习的课程形态，让劳动教育成为学生激发学习动机、巩固学习成果的重要渠道。这种创造性不是异想天开，而是要与教师教育专业化水平的提升联系在一起才能够更好实现。

《中国德育》：家庭是孩子的第一课堂，中小学生的劳动教育离不开学校和家庭的通力协作，但如今很多家长不重视培养孩子的劳动价值观和劳动习惯，"家里的活儿不用孩子做，只要好好学习就行"是很多家长仍然持有的观念。您认为应该如何改善这种局面？

檀传宝：首先还是要明确，劳动价值观教育是劳动教育的精神内核，这是一个大前提。具体到家长要做哪些改变？我认为有两点。第一，不要把学习跟劳动看成是对立的。在我看来，其实学习也是一种劳动。家长完全可以通过鼓励孩子学习，来帮助孩子确立付出努力才能够有所收获这样的"劳动"观念。正如大人要通过劳动去创造世界，儿童要通过学习去获得成长，我们完全可以把劳动和学习建立内在联系，而不是将勤奋学习看成跟劳动没有关系的一个活动。在某种意义上，孩子如果认真学习，也可以视之为勤劳的一种表现，也是值得鼓励的。

第二，家长不能把劳动，尤其是体力劳动，看成是与儿童生活没有关系的。你所说的很多家长在家里不让孩子劳动，一方面是家长没有意识到劳动的教育意义，另一方面是在这个少子化时代孩子都是家里的宝贝，许多家长不舍得让孩子去做家务。那么这个时候家长就需要问自己，到底什么样的爱才是真正的爱？如果爱自己的孩子却不考虑教育意义的话，有可能就只是一种溺爱，反而会害了孩子。所以我觉得让孩子适度地参加有意义的家务劳动，不仅有利于儿童的身心健康，而且有利于对儿童主人翁意识、责任感的培育等。比如，培养孩子的责任感和主人公精神，他如果什么事都不做，那怎么学习做主人呢？这就需要家长在教育观念上进行变革。

一旦家长的教育观念改变了，就会自觉去考虑哪些劳动方式对孩子是合适的。我觉得安排力所能及的劳动，把学习跟劳动联系起来，是一个最为可行的选择。

《中国德育》：还有另一种情况，有一部分家长已经能够意识到劳动对孩子的重要性，也会让孩子做一些力所能及的家务活。但他们是采取以劳动换取奖励的方式来鼓励孩子做家务的，请问您是怎么看待这种教育方式的？

檀传宝：设置某种奖励来激励孩子参与劳动也是一种手段。说到这个问题，美国的关怀理论大师内尔·诺丁斯有非常好的建议。年轻时她家里孩子非常多，我曾经请教过她：家里小朋友那么多、也有很多家务活儿要做，您是怎么管理好的呢？于是她给我讲了一个非常有意思的方法——每周家庭会议上诺丁斯教授都会跟所有孩子介绍这周有哪些家务活要完成，并告诉他们大家都是家庭的主人，这些家务活我们要一起做。就是说，家务活只有爸爸妈妈做是不公平的。可是那么多活怎么分工呢？那就规定每个人都必须要自愿认领一些任务，比如说有人剪草、有人扫地。但有些又脏又难的活儿，比如洗马桶，孩子们可能都不愿意选择，这时候怎么办呢？她就用你刚才说的奖励的方法。将那些比较难、比较重的活儿"招标"。比如谁刷一周的马桶，可以多得五美元零花钱。这时候就可能有孩子举手了。这样的安排，既鼓励孩子参与了劳动，又跟家庭生活中的民主氛围创造结合在一起，我觉得也是一个很好的办法。当然，也不一定非得是五美元这样的物质奖励，有时候孩子做了正确的事情，家长亲亲他、摸摸他的头，这个表扬就已经够了，孩子们也会很喜欢。

另外，劳动过程本身会教育孩子。苏霍姆林斯基讲学校劳动教育的时候就讲了一个非常重要的例子。他说劳动果实是会教育孩子的，比如说孩子春天的时候把种子种下去，然后亲自呵护、浇水、除草，就会特别欣赏花开的那一刻。这跟他们看到园丁打理好的花的开放的意义是不一样的，显然孩子自己种的花开了他会更高兴，因为劳动过程让孩子跟花草的生命建立了有效的意义链接。所以如果我们有意识地引导孩子劳动，并让孩子看到劳动的成效的话，劳动本身就是有正面强化意义的。积极创造的成果对于劳动体验，是一种最好的奖励。所以，通过奖励的方式鼓励孩子劳动当然是可以的，只要是通过合适的形式，因为不同发展阶段、文化、个性的儿童欣赏不同的奖励方式。总之，让孩子在劳动中真正感受到劳动的意义，对他的劳动价值观的形成一定有重要帮助。

开展劳动教育必须解决好的三大理论命题[①]

一、应当旗帜鲜明地坚持马克思
主义劳动(价值)观

"滴自己的汗，吃自己的饭，自己的事情自己干"(陶行知语)是一个任何健康社会都应该遵守的基本价值原则。中国是社会主义国家，高度重视劳动教育更是社会主义教育性质的重要体现。马克思主义经典作家在哲学、经济学、教育学三个维度对劳动价值观均有十分重要的论述[②]，具体内容表现如下。

---

① 本文原为 2019 年 7 月 3 日在教育部原部长陈宝生主持的"大中小劳动教育专项调研"座谈会上的发言，已发表于《人民教育》2019 年第 17 期，本次出版时略有改动。

② 参见胡君进、檀传宝：《马克思主义的劳动价值观与劳动教育观——经典文献的研析》，载《教育研究》，2018(5)。

在哲学上，马克思主义者强调劳动创造历史、劳动创造人本身的历史唯物主义价值观。

在经济学上，马克思主义者强调劳动创造价值，符合社会正义的分配原则应当是按劳分配、最终应当是按需分配。

在教育学上，马克思最重要的贡献在于提出了人的自由与全面发展（"体力＋脑力"）、教育与生产劳动相结合等重要主张。

总之，马克思主义经典作家极为重视劳动对人类及其个体发展的重要价值。建构中国特色社会主义教育理论体系、开展健康的劳动教育，应当旗帜鲜明地坚持马克思主义劳动价值观、教育观。

二、应当正确理解劳动教育
与德、智、体、美四育的关系

"教育与生产劳动相结合"这一命题表述本身已经表明，劳动与教育在逻辑上是相互结合的关系。

对应于身体与精神（知、情、意）诸元素，体、智、美、德四种素养是人的基本素养。劳动素养十分重要，但它是德、智、体、美素养的综合，劳动教育里既有价值观教育，也有创造力、美感、身体素质的锻炼。劳动教育是人的基本素养到真实社会实践的"中介环节"，逻辑上并非与德、智、体、美一个维度①。为了强调劳动教育的重要性，教育方针上可以将德、智、体、美、劳并列，但是在概念理解、政策实施上却需要注意对这一概念做更为准确、专业的把握。因为只有有了准确的概念把握，才会有更为稳妥、切实的实践方略。

简言之，在学校教育中，劳动教育更多的是要通过德育、智育、体育、美育等日常教育生活去实现。当然，劳动教育虽然要涉及劳动知识、技能、美感、体能等全面的培育，但是又必须明确：劳动教育的核心目标只能是德育——劳动价值观(情感、态度、价值)的培育。

三、应当高度关注劳动形态、教育形态的时代演变

中华人民共和国成立以来，我国第一、第二、第三产业GDP占比发生了非常大的变化，具体见表1所示。第三产业(即服务业)占比不断提高这一发展趋势表明：我们在开展劳动教育时，一要特别关切"劳动新形态"；二要关注"劳动教育新形态"②。

---

① 参见檀传宝：《劳动教育的中介地位初议》，载《教育研究》，1992(9)。
② 参见檀传宝：《劳动教育的概念理解——如何认识劳动教育概念的基本内涵与基本特征》，载《中国教育学刊》，2019(2)。

表1 我国三大产业 GDP 占比

年份	GDP(亿元)	第一产业占比(%)	第二产业占比(%)	第三产业占比(%)
1952	679	51	20.9	28.2
1976	3645	32.9	45.2	21.9
2018	91928	7.0	39.7	53.3

注：数据来自国家统计局。

"劳动新形态"要求我们注意避免将劳动仅仅理解为"生产劳动"或者经验性地理解为工业、农业劳动等"体力劳动"的有限形态，而要与时俱进，特别关注消费性劳动、创造性劳动、复合性劳动等新型劳动形态。"劳动教育新形态"则要求我们注意劳动教育不能仅仅被理解为简单的认知性学习（"进课堂"），而应当特别关注各学科的间接教育、隐性课程等教育形式，特别注意综合课程、实践性学习、社会服务、终身学习、智慧学习等教育理念的落实。

现代教育已经越来越不等同于学校教育。劳动教育，某种意义上也首先是一个成人教育、社会治理的课题。如果我们成年人好逸恶劳、追求不劳而获，如果社会分配制度过分畸形、诚实劳作得不到应有的报偿，学校劳动教育就很难取得真正的效果。因此，我们一定要注意处理好教育改革与社会治理的关系，也一定要实现学校劳动教育与社区、家庭劳动教育的有机结合。

如何认识与开展新时代劳动教育

——专访北京师范大学檀传宝教授①

劳动教育并不是一个新的问题，在当今的社会中却是一个容易被遗忘、被忽视的问题。2018年9月，习近平总书记在全国教育大会上明确提出把劳动教育纳入社会主义建设者和接班人的总体要求之中，加强劳动教育重新成为国家教育方针。新时代的劳动教育如何开展？面对急剧的社会变革和科技进步，我们需要认真思考劳动教育未来的发展方向。为此，本刊记者采访了北京师范大学教育学部檀传宝教授。在新的历史语境下，檀传宝教授对劳动教育的核心价值、有效开展等命题进行了深入分析。

---

① 本文已见刊于《少年儿童研究》2019年第3期（访谈者弓立新）。本次出版时略有删改。

一、社会主义和资本主义的劳动教育有明显区别

《少年儿童研究》：从教育本身的角度看，我们强调劳动教育是社会主义教育最重要的特征之一。为什么要区分社会主义教育和资本主义教育呢？

檀传宝：在过去比较长的时间里，我们强调劳动教育是社会主义教育的重要特征，这与马克思主义的劳动价值观和劳动教育观有很大关系。马克思看待劳动、劳动教育基本上有三条：第一是历史唯物主义的劳动史观，认为劳动创造世界、劳动创造历史、劳动创造人本身。我的青少年时代学历史，也都非常强调劳动人民在历史当中发挥的作用。第二是政治经济学语境中的劳动价值观，认为劳动是商品价值的源泉。我们买商品用的是价格，价格背后是价值，而价值来源于有效劳动。所有商品的价值都是凝结在这个商品当中有效的智力或者体力的劳动。还有，在分配问题上，马克思主义认为，一个正义的社会应该实行按劳分配原则，即多劳多得、少劳少得、不劳动者不得食。第三是在教育学的基本理论视野中，马克思认为劳动形成人的本质，生产劳动是实现人在体力、脑力上全面发展的重要途径，教育和生产劳动相结合是社会主义教育的根本

原则。

资本主义国家也进行"劳动教育",但是他们的概念体系、理论脉络和我们并不一样。比如西方国家也会开设烹调课、手工课等，但他们更多的只是一种一般社会生活技能的学习，目的是让学生更加了解生活实际，教育思想来源是杜威等人的"教育即生活"等。社会主义社会则是劳动人民成为主人的社会，劳动价值当然更受尊崇，劳动教育也更为自觉。因此即使我们的劳动教育在活动形式上和外国有很多重叠、相似之处，但个中灵魂是不一样的。我们的劳动教育最重要的目的是培养学生的劳动价值观，知道劳动的价值，尊重劳动主体——劳动者，包括体力劳动者和脑力劳动者，欣赏劳动过程，尊重劳动果实等。这些是我们劳动教育的核心目标，也是社会主义和资本主义劳动教育的区别所在。

当然，我们也不能把社会主义社会和资本主义社会看成是截然对立的。社会主义、资本主义的教育都是现代社会的教育，教育的生产性是它们的个体特征。此外，在当今时代，社会主义和资本主义重叠的地方是非常多的。中国特色社会主义建设借鉴了不少发达资本主义国家的经验。当代资本主义也是社会主义成分越来越多的资本主义，表现在国家对经济的调控、福利社会的到来、在某种程度上更多关照收入较低的体力劳动者，等等。现代国家都要维持政权的稳定性，早期资本主义那种赤裸裸的对工人阶级的压榨已是不可能的了。

《少年儿童研究》：新中国成立以来，劳动教育在不同的历史阶段的作用似乎是不一样的，您怎么看？

檀传宝：是的。我是 1969 年上学的，那个时期学校里劳动教育的比重是很大的。比如，我上初中时，虽然大部分时间还在校园的课堂里学习，但有时会花上一个月去学工或者学农。在那样的历史时期，劳动教育和政治教育往往是叠加在一起的。我所在的学校是农村中学，在没有升学压力的情况下，同学们到工厂学一个月或者和农民一起干活，尽管身体上很累，但心情常常是愉快的。从学生的角度来讲，当时的这些劳动教育有非常正面的意义。我们的确从劳动中体会到劳动产品的来之不易，懂得了节约，学会了尊重劳动果实，尊重劳动人民。当然，这些也不完全是学校教育的功劳，毕竟那时整个社会是非常强调劳动的价值和意义的。同时用过多的时间去直接参加体力劳动锻炼，也势必会影响学校的正常教学和学生文化课的学习。

在新中国成立后的某些时期，劳动教育也被异化过。比如知识青年上山下乡和知识分子到"五七干校"进行劳动改造。我觉得那时有两个严重失误：第一是把劳动等同于体力劳动、将脑力劳动和体力劳动对立起来，甚至把脑力劳动者污名化。第二是把劳动教育异化为一种惩罚。从心理学上讲，如果一件事情和痛苦体验相结合，那就意味着人们会远离这件事情。当人们把劳动看成痛苦、耻辱的体验时，在参加劳动时就会有受委屈的感觉。即便劳动能够给人带来某些收获，但人的内心依然是抗拒和不情愿的。

二、劳动教育和德育、智育、体育、美育
不在同一个逻辑层次上

《少年儿童研究》：随着社会发展，脑力劳动的比重不断增加。在这个时代，我们应该怎么去定义劳动的内涵呢？劳动教育和德、智、体、美的关系是什么？有人认为劳动在人的全面发展中发挥着一种统领作用，劳动教育是德、智、体、美教育的基础，要融合到德、智、体、美教育的全过程，您的看法是什么？

檀传宝：我认为劳动教育的核心是培养劳动素养，素养中最核心的是劳动价值观。人的基本素养，我一直认为德、智、体、美的划分是对的。最近大家对核心素养的关注比较多，一些学者把不同

国家的文件拿来做概括，进行归纳推理。我认为这样划分核心素养是有局限性的：第一，现实中没有的东西能归纳出来吗？而现实中没有的东西就一定不合理了吗？第二，归纳出来的东西往往不属于同一个逻辑层次，概念和概念之间会有重叠和冲突，因为不是同一个系统的。这时候我们会发现，演绎推理是重要的。比如体育、智育、美育、德育刚好对应于人类身体与精神（知、情、意）素养的培育，德、智、体、美这一界定虽然老套，但逻辑划分是更为合理、没法推翻的。

那么，劳动教育应放在什么样的位置呢？我在 1992 年读硕士期间就发表过这样的观点（参见《劳动教育的中介地位初议》一文）：劳动教育与德、智、体、美不是一个逻辑层次，劳动教育是德、智、体、美基本素养培育之后，走向真正意义的社会劳动的中间环节。仔细想一下，学生的劳动并不是真实的工人、农民或者科学家的劳动，不是严格意义上的、现实中的劳动。小学生可能会去种菜，但是和真正的菜农种菜是不一样的；中学生也许会做一些小实验，但和科学家真正的实验也是不一样的。所以，劳动对学生来讲只是一种锻炼，是为未来真正意义上的劳动做观念和技能上的初步准备。劳动在学校教育里主要是教育的一个环节。

劳动教育十分重要，劳动教育也的确有修德、益智、健体、育美的功能。但我仍然要明确地讲德、智、体、美、劳并非一个逻辑层次。关于劳动教育地位的合理界定，过去曾经有过的说法就很好：德、智、体、美全面发展，教育与生产劳动相结合。当然，需要注意的是，现在的劳动已经不仅仅是"生产劳动"了。

《少年儿童研究》：关于劳动教育的目标，您一直强调教育的两方面：外显的和隐含的，可否进一步分析一下？

檀传宝：劳动有很多具体的形态，体力劳动、脑力劳动或者服务性劳动。在当今的时代还有许多新的劳动形态正在迅猛发展，比如送快递、开网店等。开展劳动教育时，肯定是要有某种劳动形态的，比如剪纸、种菜、科学实验等。学生学剪纸，能剪出漂亮的梅花，或者种菜过程中精心照料，收获蔬菜等，这些都是显性的劳动过程，有劳动教育的显性成果，也就是学会某项技能、收获某种产品。但是我们重视劳动教育，其实是因为更关注那些精神涵养性质的隐性的收获，与价值观、情感有关的品行上的收获。在劳动过程中，学生会发现劳动的价值与创造性，能够欣赏自己的劳动成果，如此等等。这一切都不一定是显性的目标，也常常难以测量，但是好的劳动教育都是应该拥有这样的教育功能的。

《少年儿童研究》：以梅花剪纸为例，我们是否可以这样理解，劳动教育的外显性部分就是学生能够剪出一朵梅花；隐性的部分就是学生在剪梅花的过程中，能感受到美，也许和色彩、图案的比例关系，创造性的想象都有关，如果是大家共同创作，还能感受到合作的意义？

檀传宝：是的。因为劳动教育最核心的价值是培养人格，只要对人格发展有积极作用，劳动教育的根本目标就实现了。但是，我们现在讲劳动教育出现异化，主要表现就是过多关注外在的那些技能性指标。有些学校热衷于把学生劳动课的作品"秀"出来，认为自己劳动教育搞得好。如果只是"秀"，我认为这样对劳动教育的理解是肤浅的。因为就具体技术的学习而言，会不会剪纸对学生并不是特别重要的事情。但是有无劳动价值观，对每一个学生的人生都很重要。

我最近就劳动概念的澄清做了很多的工作。很多人把劳动教育简单等同于具体的某个劳动形态的教育，这是最可怕的。比如城市中心区的小学如果非要开展学农形态的劳动教育，成本就太高了。所以，老师们一定要知道劳动教育不等于体力劳动的锻炼，劳动更不等于农业劳动。如果老师们放弃了这种思维定式，就一定能找到更为因地制宜、与时俱进的开展劳动教育的途径与办法。

还有一点，学习是劳动吗？我的观点当然是，只是好多人没有意识到这一点。如果学校和老师不是把学习和劳动看成非此即彼的关系，学习的严肃性就会大大增加，劳动教育的天地也会一下子豁然开朗。

与此相关的一个问题是，学习和游戏是绝对对立的吗？其实不是。所有好的学习都是有游戏精神的，所有好的游戏一定都是有学习的成分在其中的，劳动也如此。

《少年儿童研究》：我们讲培养学生尊重劳动人民的品质，怎么定义"劳动人民"这个群体呢？

檀传宝：这个问题问得非常好，要开展健康的劳动教育，我们的确要把其中的道理讲清楚。尊重"劳动人民"，自己的父母是不是"劳动人民"呢？学生算不算"劳动人民"呢？我认为，首先对劳动概念的理解和对"劳动人民"的理解，都要与时俱进。过去讲"劳动人民"其实就仅仅是体力劳动者，将脑力劳动排除在劳动概念之外。这本来就是大错特错的，"文化大革命"时期知识分子接受劳动改造这一荒谬逻辑就是这样产生的。今天，脑力劳动、服务性劳动、创造性劳动形态作用日益重要，劳动、劳动人民的概念当然就必须与时俱进。其次是与时俱进之后，有一种界限就必须明确——不管你是何种形态的劳动者，不劳而获、少劳而多得、剥削他人，始终都是可耻的。比如，一位学生的妈妈是环卫工人，另一位学生的妈妈是科研工作者，她们都是劳动人民。她们都用自己的体力或者脑力为这个社会做贡献，即便收入水平有高有低，也都是这个社会有尊严的贡献者，我们都有最充分的理由去尊重她们。

我经常跟我的学生讲，如果你在公交车上遇上一名浑身脏兮兮的建筑工人，你可能会赶紧避开。作为自然反应，这也没有什么大的问题。但是此时此刻你更要想一想：这个城市最脏最累的活总是要有人干的，他们为我们干了，难道我们不应该心存感恩、敬意吗？如果这样想的话，就不会简单地捂着鼻子走开了。

在现代文明当中，对人的尊重总是要有理由的。有的人是基于抽象的人权概念。在我看来，基于人权不如基于劳动价值观。人权只是冷冰冰的逻辑推演，说你和我是平等的，所以我要尊重你。而基于劳动创造历史、劳动创造世界、劳动创造美好生活的概念，再去看待这个问题的时候则是充满温暖和敬意的。所以，我觉得所谓劳动教育，就是应该带给孩子这样更温暖、更正面的价值与思维。

三、我们当前最缺乏对
劳动教育核心目标的清醒认识

《少年儿童研究》：劳动教育内容和形式是多种多样的，脑力劳动和体力劳动，自我服务和社会服务，个人劳动和集体劳动，等等。您认为当前最缺乏的是什么？

檀传宝：问题不在于某一种劳动形态，关键是有没有重视劳动教育和有没有仔细地想过劳动教育的灵魂和核心是什么。如果这两点没有想清楚，那么做任何形式的劳动形态都可能走偏。

在日常的劳动教育当中，还有两点我觉得需要特别引起教育工作者的思考：一是现在对体力劳动者的尊重比较少。学生肯定都会觉得科学家很伟大，但是怎么能够尊重那些最辛苦的体力劳动者，这是一个时代课题。在社会主义社会，我们一定要强调无论是脑力劳动者还是体力劳动者，都对社会有积极贡献。另外，现在的学生很少把劳动教育和自己建立联系。所以志愿服务、家务劳动等是很好的劳动教育的方式。学生通过与社会、家庭互动的方式去参与劳动，能够更加切身地体会劳动的意义。

《少年儿童研究》：关于劳动教育的异化，有一种是把劳动当作娱乐。有人觉得把劳动当作娱乐也是有意义的。您对此的看法是什么？

檀传宝：把劳动简单作为娱乐和劳动本身产生的愉快体验，不是一回事。娱乐的目的是放松，劳动的主要目的不是求喜悦，劳动过程还可能很辛苦。比如中、小学生在风景区志愿服务，上山捡拾垃圾，劳动过程有可能就很辛苦。到达山顶后，极目远眺会心旷神怡；而且，在和同伴一起登山的过程中，也能感到集体的力量和温暖。但这些愉悦的感觉是在劳动当中的附带体验，和那种以感受愉悦为目的的娱乐活动，是完全不一样的。

所以，我认为劳动教育中的愉悦与严肃对待劳动是一回事。教育者要把劳动看成是一件神圣，至少是重要的事情。这里说的严肃，是指我们要认真、庄重地对待劳动，但并不意味着劳动不能给人带来愉悦的体验。相反，你越重视它，获得幸福的体验可能越高。

总之，劳动教育被异化的重要原因就是人们对劳动观念的理解有问题。如果不清楚劳动教育的形态，就有可能把劳动教育简单等同于学工、学农。虽然我们今天也并不排斥学工、学农，但是劳动教育并不能等同于学工、学农。还有人把劳动教育等同于某种技术的学习，这也是一种异化。为什么呢？不能说劳动教育不学某种技术，但是它的核心目标不是技术本身。如果劳动教育的本质目标是掌握某种技术，那就变成职业教育了。而劳动教育是一个涉及所有人的教育目的的概念、一个普通教育的概念。

所以我一直强调，新时代劳动教育的开展是非常重要的，而且对劳动教育的概念理解要到位。如果理解不到位，就有可能是特别狭隘的、特定的某种劳动的教育，那就没法落实了，因为不是所有学校都能够开展这种劳动教育。

《少年儿童研究》：劳动教育的形态是多种多样的，有的学校教学生学剪纸，有的学校可能带学生去科技场馆进行小制作，这些都是劳动教育。学校可以根据实际情况选择恰当的形式，关键是要透过表面的形式，让学生学习劳动价值观。

檀传宝：是的。我们还可以换个角度理解这个问题，任何方式的学习当中都包含劳动教育，所有文化课的学习都有劳动教育的成分在其中。人教版小学语文有一课是《千人糕》。课文通过爸爸给孩子讲述一种叫"千人糕"的点心，让孩子明白了"一块平平常常的糕，经过很多很多人的劳动，才能摆在我们面前"的朴素道理，通过简单的对话就向我们揭示了劳动成果来之不易的主题。其实，这就是一种劳动教育。当孩子知道一小片糕里就凝聚了很多人的劳动，吃的时候可能体会就不一样了，浪费的情况就会减少。

所以，开展劳动教育，可以通过任何一种劳动形态本身直接去做，也可以在历史、语文、自然科学学科等各科教学当中培养学生的劳动观念和劳动态度。

《少年儿童研究》：有人说劳动教育不能通过一味引导学生参加体力和脑力劳动来实现，不能强化与闲暇的对立，您的看法是什么？

檀传宝：马克思对共产主义社会有一个非常重要的描绘：在共产主义社会，劳动将成为生活的第一需要。马克思并没有生活在今天，但是在今天我们会更容易理解这句话的含义。当人类生活的自动化高到一定程度以后，人可能几乎不需要进行任何体力劳动。所以，当劳动不再成为一种苦役的时候，劳动本身就可能成为闲暇的一部分，或者是一种生活方式。就像有些家庭会在郊区买块地种菜，这样最普通的体力劳动会让人感到愉快。所以我相信闲暇和劳动的对立会随着社会的发展而慢慢消失，劳动的愉悦性会被越来越多的人意识到。

总之，我们讲重视劳动教育并不是简单地要安排出多少课时来开设直接的劳动教育课程，而是要在理念上加强、更新对劳动和劳动教育的认识。教育工作者要对劳动教育在观念上做更多更深入的思考、学习，消化、理解，然后再贯彻到日常的教育教学当中。如此，劳动教育将会获得最为广阔的教育空间！

新的时代我们为什么还需要劳动教育

——《劳动创造美好生活》^①序言

　　生活在今天的中国，我们已经处于一个前所未有的物质丰裕的全新时代。

　　在这个全新的时代，人们已经无须像过去那样"面朝黄土背朝天"，从土地里辛苦"刨食"，智能化农业就可以让你大快朵颐。在今天，一个许多辛苦的劳作都可以由各种机器人所代劳的时代，人们必须严肃追问的一个"大哉问"一定是：劳动对于人类生活还有意义吗？

　　仔细探究，我们就不难发现：就像劳动创造人本身、劳动创造历史一样，今天生活的所有"安逸"，当然都是依靠人类辛勤、诚实、创造性的劳动。毫无疑问，没有科技工作者的劳动，就没

---

　　① 《劳动创造美好生活》已由中国劳动社会保障出版社于2019年12月出版。

有智能化的生产；没有物流系统的运作，通过手机实现的"指尖上的生活"就不可能成为现实。可以说，我们喝过的每一滴矿泉水，我们吃过的每一盒快餐，我们看过的每一场电影，我们生活中的每一个美好瞬间，背后都是无数不同类型的劳动。所以，时代只是改变了劳动曾经的模样，而"劳动创造美好生活"的真理却从未改变。

2018年9月10日，习近平总书记在全国教育大会上呼吁，"要在学生中弘扬劳动精神，教育引导学生崇尚劳动、尊重劳动，懂得劳动最光荣、劳动最崇高、劳动最伟大、劳动最美丽的道理，长大后能够辛勤劳动、诚实劳动、创造性劳动。"这无疑是国家领导人立足新时代对共和国年青一代最重要的召唤。

人类的历史，某种意义上就是一部劳动不断发展的历史。早期的人类劳动中占据主导地位的无疑是体力劳动、农业劳动、生产性劳动。而脑力劳动、工业劳动、服务性劳动等形态比重的不断增加，是人类不断摆脱自然界的限制，走向物质丰裕、生活幸福时代的重要推动力。今天，脑力劳动、服务性劳动的比重还在不断增加，劳动的现实形态也已经出现了日益多元、融合的态势。与此同时，农业劳动、体力劳动等劳动形态仍然不断贡献于我们的日常生活。与我们息息相关的劳动世界，早已不再简单。

那么，劳动是如何在创造人类历史、改变人类生活的同时，也实现了自身形态的沧桑巨变的？当代社会，人类劳动的形态与过去有哪些根本的不同？千姿百态的劳动形态如何在我们的日常生活里各领风骚，展现各自独特的价值？最为重要的是，我们应当如何认识不同岗位劳动者的独特荣光？如何为成为光荣的劳动者做好最充分的准备？

让我们一起来探索、回答以上事关人类生存和个人生活质量的最严肃的问题吧！

本书与其说是一本关于劳动教育的读本，不如说是一封对劳动世界探秘的邀请函。通过对劳动主题的深入探究，我们希望本书能够贴心陪伴并服务于同学们最精彩的人生之旅。

2019 年 12 月 2 日

于京师园

加强劳动教育一定要贯彻与时俱进的原则^①

关于加强劳动教育，中共中央、国务院《关于全面加强新时代大中小学劳动教育的意见》(简称《意见》)已经做出了全面深入的阐述和部署。要准确理解、贯彻这一《意见》，特别需要注意把握与时俱进的工作原则。具体说来，这一原则可以分解为以下三点。

一、完整理解新时代加强劳动教育的意义

所谓对加强劳动教育意义的"完整理解"，就是教育工作者不仅要从消极现象出发看到我们不得不加强劳动教育的理由，而且要看清加强这一教育的积极的时代意义。

---

① 本文已见刊于《人民教育》2020 年第 8 期，本次出版时略有改动。

加强劳动教育的必要性最直接的理由，当然就是《意见》开头就提到的"近年来一些青少年中出现了不珍惜劳动成果、不想劳动、不会劳动的现象，劳动的独特育人价值在一定程度上被忽视，劳动教育正被淡化、弱化"。不劳而获、不尊重劳动成果等，在任何社会都是不正义、不健康的价值观，在社会主义中国，更与社会的性质以及社会主义核心价值观完全背离。这一点也与《意见》后来关于"明确劳动教育总体目标"的表述完全一致："通过劳动教育，使学生能够理解和形成马克思主义劳动观，牢固树立劳动最光荣、劳动最崇高、劳动最伟大、劳动最美丽的观念；体会劳动创造美好生活，体认劳动不分贵贱，热爱劳动，尊重普通劳动者，培养勤俭、奋斗、创新、奉献的劳动精神；具备满足生存发展需要的基本劳动能力，形成良好劳动习惯。"

加强劳动教育另外一个更正面也最重要的理由就是：在全面建成小康社会的决胜阶段，中国教育必须有高质量的劳动教育去服务于年青一代的健康发展。劳动让人成为人类历史的主体，也成为个体美好生活的创造者。在温饱问题已经解决、人民物质生活水平不断提高的全新历史阶段（"新时代"），人们的"优势需要"将会越来越聚焦于高层次的精神追求。劳动对于彰显人在社会发展与个人生活中的主体性、创造性，劳动教育对于学生通过劳动理解并获得积极的人生意义，都越来越重要。如果洛克等人的"绅士教育"都有对于劳动教育要素的强调，一直追求"人的全面发展"目标的中国教育就应当更加努力通过劳动教育让我们的孩子成为和谐发展、人性丰沛、有尊严、有能力的一代新人。

二、准确把握劳动教育的新时代特点

与时俱进开展劳动教育的核心内涵，是指劳动教育必须契合新时代劳动教育的特点。"新时代劳动教育的特点"具体包含劳动形态的新时代特征、劳动教育的新时代特征两个方面。

关于劳动形态，《意见》在"把握劳动教育基本内涵"时强调："实施劳动教育重点是在系统的文化知识学习之外，有目的、有计划地组织学生参加日常生活劳动、生产劳动和服务性劳动，让学生动手实践、出力流汗，接受锻炼、磨炼意志，培养学生正确劳动价值观和良好劳动品质。"这一表述至少有两个意涵。一是要让学生"动手实践、出力流汗"，强调通过日常劳动、体力劳动学习、锻炼的意图十分明确。而这对于今天"小皇帝""小格格"们的生活实际无疑具有十分强烈的现实针对性。但是《意见》也提到了"服务性劳动"这一新时代劳动形态的代表。因此，加强劳动教育的另外一个应然之义，就是指教育实践要特别关注当代劳动形态的最新发展。在新的时代，由于脑力劳动、服务性劳动、复合型劳动比重空前增加，教育工作者就必须确立这样的基本理念：劳动不等于体力劳动、劳动教育包括但不能局限于体力劳动的锻炼。事实上，《意见》本身在阐述"体现时代特征"这一基本原则时，也已明确指出劳动教育要"适应科技发展和产业变革，针对劳动新形态，注重新兴技术支撑和社会服务新变化"。在对劳动教育内容的要求上，更是明确规定劳动教育要"结合产业新业态、劳动新形态，注重选择新型服务性劳动的内容"。

劳动形态的新时代特征和劳动教育的新时代特征两个方面是内在关联的。如果劳动不等于体力劳动，那就意味着新时代劳动教育绝对不等于20世纪50—70年代"学工、学农"形式的简单回归。强调"日常生活劳动"，就意味着劳动教育应该将课程建设与孩子们的日常生活、社会生活关联起来，学校教育要与家庭、社会教育建立实质意义上的合作关系；"服务性劳动"的一个重要渠道当然是以志愿者为代表的社会服务，因此劳动教育必须与课外活动、社会实践课程等教育形式建立有机联系。目前，常规形态的劳动教育全国各地不少学校已经启动，但是如何探索出符合新时代社会发展和儿童生活实际的劳动教育的新形式，则是广大教育工作者当前面临的最为迫切的任务。

三、正确处理好劳动与学习的辩证关系

《意见》强调劳动教育要"以体力劳动为主，注意手脑并用、安全适度，强化实践体验，让学生亲历劳动过程，提升育人实效性"。教育部有关负责人就《中共中央 国务院关于全面加强新时代大中小学劳动教育的意见》答记者问时也明确要"将劳动教育与智育区别开，防止用文化课的学习取代劳动教育"。上述规定及对《意见》的诠释，主要针对的是体力劳动方面的锻炼得不到足够重视、劳动教育开展在具体工作安排上容易"被边缘化"的教育实际。因此，强化体力锻炼、动手能力等的劳动教育意义，强调专门设置劳动教育的课时与课程，在这个意义上都是无可厚非的。

但是，教育的另外一面就是学习，劳动与学习的关系并不只有相互区别这一面。正确认识、处理好劳动与学习的有机连接，对于学生的健康发展和劳动教育的顺利开展也有十分重要的意义。而劳动与学习的连接有两种：一种是价值观念方面；另一种是学习内容方面。

所谓劳动与学习在价值观念方面的连接是指：虽然文化课的学

习本身还不是严格意义上的劳动，但是学习本身是辛苦的，需要大量脑力与体力的投入（这一点与真正的劳动并无实质差异）。勤奋学习、辛勤劳动在价值观上也都与好逸恶劳相对立。依据这一逻辑，我们完全可以教育学生说，大人要努力工作、孩子要努力学习。换言之，鼓励孩子努力学好文化课也具有培育"辛勤劳动、诚实劳动"等劳动价值观的积极意义。相反，一个文化课学习打瞌睡、只在"劳动教育"时才一身是劲的孩子，肯定不是我们想要的教育成果，也违背劳动教育的初衷。

而所谓劳动与学习在学习内容方面的连接则是指：数理化、政史地，所有文化课的学习本身，在一定意义上就是劳动知识、劳动技能、劳动价值的学习。这一点是由"教育与生产劳动相结合"这一现代教育的性质与原则所决定的。让劳动与学习在学习内容方面建立有机连接，一方面可以激发文化课的学习动机、活化学习内容，另一方面也可以为劳动教育的间接开展、联系实际开辟无比广阔的教育时空。在这一点上，劳动教育与德育工作开展十分类似。一方面我们需要专门的课时、专设的课程，但另一方面我们也需要所有课程的参与，以实现"全方位的渗透"。

总而言之，《意见》颁布为新时期加强劳动教育提供了重要的方向指导。"以体力劳动为主""动手实践、出力流汗""防止用文化课的学习取代劳动教育"等，都有教育实际的针对性。但是只有做全面、辩证的理解和把握，《意见》才能更好地发挥其加强劳动教育的积极和正面意义。

2020 年 3 月 27 日、 29 日

于京帅园三乐居

"教育与生产劳动相结合"的前世今生

——新时代劳动教育可以从历史经验中学习些什么?①

"教育与生产劳动相结合"这一命题是马克思主义关于人的全面发展学说的重要内涵，也是新中国成立以来我国一直坚持的社会主义教育方针的重要组成部分之一。回顾"教育与生产劳动相结合"这一理论命题产生的背景，以及作为教育方针的中国实践的历史进程，有利于我们更加准确地推进人的全面发展、开展健康的劳动教育。

一、"教育与生产劳动相结合"命题提出的背景与对劳动教育的理解

"教育与生产劳动相结合"这一命题产生的背景，是 19 世纪工

---

① 《光明日报》理论版约稿，已见刊于《光明日报》2020 年 4 月 30 日。刊发时有删改，原标题为《新时代劳动教育可以从历史中汲取智慧》。

场手工业、机器大工业(尤其是后者)取代独立手工业造成以"体力、脑力的分离"为主要特征的工人阶级的"片面发展"。但马克思已经敏锐注意到:现代工业在促使体、脑分离同时,也产生了"体力与脑力结合"的历史必然性(因为文盲已经适应不了现代工业)。在《资本论》中,马克思曾经指出:"未来教育对所有已满一定年龄的儿童来说,就是生产劳动同智育和体育相结合,它不仅是提高社会生产的一种方法,而且是造就全面发展的人的唯一方法。"[1]而在《哥达纲领批判》中,马克思则更为明确地强调:"在按照不同的年龄阶段严格调节劳动时间并采取其他保护儿童的预防措施的条件下,生产劳动和智育的早期结合是改造现代社会的最强有力的手段之一。"[2]

依据对于马克思关于"教育与生产劳动相结合"命题的最初阐释,我们不难看出:"教育与生产劳动相结合"的必然性,是由现代生产(含资本主义、社会主义)的发展这一物质基础决定的。现代教育具有"生产性",只要是现代教育,其内容、形式都与现代生产有着内在、紧密的联系。换言之,资本主义社会的教育其实也有某种

---

① 《马克思恩格斯全集》第二十三卷,530页,北京,人民出版社,1972。
② 《马克思恩格斯选集》第三卷,318页,北京,人民出版社,1995。

"教育与生产劳动相结合"的性质；社会主义社会的教育超越资本主义的地方，乃在于我们对"教育与生产劳动相结合"这一现代教育原则的贯彻会更为自觉、全面、高级。因此，当我们考虑贯彻"教育与生产劳动相结合"方针，开展劳动教育时，理所当然应该考虑吸收资本主义教育已有的探索经验。比如 20 世纪 50—60 年代我们采取的半工半读的教育形式，就与马克思所肯定过的英国《工厂法》实施后工人阶级子女"劳动和教育的早期结合"形式有一定关联。在当代社会，资本主义在教育与生产劳动的结合方面已有更多有价值的探索。比如中小学在开设手工、编程、STEAM 课程等方面都有重要探索；大学教育与生产结合最杰出的表现形式，则是美国硅谷的形成。因此"教育与生产劳动相结合"这一命题的落实以及由其决定着的学校劳动教育开展，都应该认真关注、辩证吸收西方发达国家相关的教育政策、制度以及教育实践的经验。

比较有趣的是，马克思时代的"教育与生产劳动相结合"一个明显的时代烙印是它更强调通过"接受教育"——马克思希望为工人阶级子女（有沦为文盲的危险）争取受教育权，从而实现体、脑结合意义上的全面发展。这一逻辑与义务教育普及后的资本主义教育，尤其是社会主义社会建立之后的学校教育所强调的"教育与生产劳动相结合"（强调学生要"参加劳动"）的方向是完全相反的。但无论如何，通过教育与生产劳动的结合去促进人的全面发展教育，这一马克思主义核心教育逻辑是不变的。

二、新中国贯彻"教育与生产劳动相结合"
方针、开展劳动教育的经验与教训

新中国成立以后，"教育与生产劳动相结合"一直是我们坚持的教育方针，劳动教育也都得到了一定的强调，既有经验，也有教训。这一教育发展历程大致可以划分为改革开放之前、之后两个历史时期。

早在 1949 年，《中国人民政治协商会议共同纲领》就明确提出要"提倡爱祖国、爱人民、爱劳动、爱科学、爱护公共财物为中华人民共和国全体国民的公德。""爱劳动"已成为新中国教育的重要目标和内容。1958 年，《中共中央、国务院关于教育工作的指示》明确提出"培养有社会主义觉悟的有文化的劳动者"的教育方针。1959 年《国务院关于全日制学校的教学、劳动和生活安排的规定》则明确提出"学生参加生产劳动有三种基本形式，一种是在学校举办的农场和工厂中参加劳动，一种是学校安排的下厂下乡劳动，一种是参加社会公益劳动。"由此可见，1949—1978 年"教育与生产劳动相结合"方针的贯彻、劳动教育的开展，与中国教育的社会主义

政治属性以及这一时期国家建设的现实需求有着最密切的关联。比如，由于这一历史时期第一、第二产业在国家 GDP 中的占比始终高于70%，这一历史时期劳动教育中体力劳动的比重也相对较大，"学工、学农"难免成为当时劳动教育的主要形式。1957 年《中共中央宣传部关于加强中小学校毕业生劳动生产教育的通知》就曾经公开指出，"从事劳动生产是许多不能升学的高小和中学毕业学生的基本出路。……应该引起各地党政的密切关怀，加强中小学生中的劳动教育。"

1978 年国家实行改革开放政策以后，我国教育在"教育与生产劳动相结合"方针贯彻、劳动教育开展方面的主要特征，表现为对人的全面发展、立德树人等教育目的的强调。1982 年《教育部关于普通中学开设劳动技术教育课的试行意见》曾经明确指出，"开设劳动技术教育课的目的，在于培养德、智、体全面发展的一代新人。通过劳动技术教育课，培养学生的劳动观点，形成劳动习惯，同时，使学生初步学会一些基本生产技术知识和劳动技能，既能动脑，又能动手，为毕业后升学和就业打下一些基础……中学劳动技术教育课的内容，包括工农业生产、服务性劳动及公益劳动等。有些内容可以与职业技术教育结合进行。"1992 年颁布的《中华人民共和国义务教育法实施细则》则规定，"实施义务教育必须贯彻国家的教育方针，坚持社会主义方向，实行教育与生产劳动相结合，对学生进行德育、智育、体育、美育和劳动教育。"2018年9月10日习近平在全国教育工作会议上强调，"坚持中国特色社会主义教育发展道路，培养德智体美劳全面发展的社会主义建设者和接班人。""要在学生中弘扬劳动精神，教育引导学生崇尚劳动、尊重劳动，懂得劳动最光荣、劳动最崇高、劳动最伟大、劳动最美丽的道理，长大后能够辛勤劳动、诚实劳动、创造性劳动。""要努力构建德智体美劳全面培养的教育体系，形成更高水平的人才培养体系。"

回顾新中国贯彻"教育与生产劳动相结合"方针、开展劳动教育的已有探索，可以为新时代劳动教育的开展提供许多有益启示。最为突出的至少有这样几个方面。

第一，对"教育与生产劳动相结合"的理解，必须与对教育目的、方针的正确理解相结合。换言之，劳动教育既然是落实全面发展、立德树人等教育方针的重要举措，其核心目标就应该界定为劳动价值观的确立。只有大力加强劳动教育，才能有效抵制当前轻视劳动尤其是轻视体力劳动的不良社会风气，培育年青一代健康的生活态度。

第二，对"教育与生产劳动相结合"的理解，必须坚持与时俱进的原则。由于第一、第二产业在国家GDP中占比已由高于70%下降到 40% 左右，第三产业占比已经超过 50%，过去"学工、学农"意义上的"生产性"劳动教育虽然仍可开展，但是不宜比例太高。与此同时，服务性劳动、创造性劳动在社会生产与生活中的重要性已经空前增加，这意味着我们对"教育与生产劳动相结合"以及劳动教育的内涵必须有新的认识。那种忽视科学技术、轻视脑力劳动的劳动教育，违背人类社会与教育发展的常识。

第三，对"教育与生产劳动相结合"的理解，要与对现代教育的"生产性"理解相结合。如前所述，只要是现代教育，其内容、形式都与社会生产有着内在、密切的联系。劳动教育既要有看得见的"抓手"（专门课程、特定活动），更要实现与全部教育内容与形式的全面、深入、有机、自觉的结合。那种片面强调劳动教育专门课程、活动的狭隘思路，不仅不符合现代教育的发展规律，也必定会让劳动教育的开展失去最广阔的时空。

2020 年 4 月 1 日

于京师园三乐居

劳动教育之新旧

——我的三点忧虑①

2018 年 9 月召开的全国教育大会上，劳动教育已重新被写入国家的教育方针。2020 年 3 月中共中央、国务院又印发了《关于全面加强新时代大中小学劳动教育的意见》（简称《意见》）。加强劳动教育已经成为国家决策，实在是一大好事。但是好事要做好，就并非易事了。

《意见》颁布之前的数年中，在不同场合、媒体上，笔者都在一直不遗余力地为加强劳动教育做"鼓与呼"的工作。但《意见》颁布之后，从近期对《意见》众说纷纭的解读中，我又产生了三点关于劳动教育开展的深切忧虑。

---

① 本文原为笔者 2020 年 4 月 10 日在北京师范大学中国教育政策研究院主办的劳动教育研讨会（在线会议）上的即兴发言，会后经回忆整理。

一、强调加强劳动教育消极理由太多

加强劳动教育的一个重要原因，当然是《意见》所指出的"近年来一些青少年中出现了不珍惜劳动成果、不想劳动、不会劳动的现象，劳动的独特育人价值在一定程度上被忽视，劳动教育正被淡化、弱化"。这里既包括青少年劳动价值观存在的问题，也包括劳动教育在学校、家庭、社会教育中被弱化、淡化，甚至异化①的问题。但是，如果仅仅从这个较为消极的"问题"角度去理解加强劳动教育的意义，视角未免太过狭窄。

加强劳动教育更重要的原因，应该来源于积极的理由——"新时代"需要劳动教育。20世纪五六十年代，中国曾经轰轰烈烈地开展过劳动教育(我们不妨称之为"旧劳动教育")。而今天，我们再提加强劳动教育，理由已有时代上的天壤之别。众所周知，中国曾经较长时间处在"落后的生产力与人民日益增长的物质文化需要之间的矛盾"之中。在某些物资极度匮乏时期，老百姓最基本的衣食住行都成问题，彼时加强劳动教育的一个重要理由当然就是为儿童

---

① 檀传宝：《劳动教育的本质在于培养劳动价值观》，载《人民教育》，2017(9)。

未来投入"生产劳动"做准备。甚至，学校劳动教育本身也曾经是社会"生产劳动"的一部分，这就像一个贫困家庭需要儿童劳动挣工分补贴家用一样。但是，改革开放已经让中国人成功进入了"新时代"（人均GDP从100多美元提高到超过10000美元），中国社会主要矛盾也已经变成人民日益增长的美好生活需要和不平衡不充分的发展之间的矛盾。相应地，中国社会、中国人的"优势需要"，已经从对基本（物质）生活的需要慢慢转移到对真善美、个性自由的追求等高级需要上来了。过去我们对孩子说，要热爱劳动，因为"不劳动，没饭吃"。今天呢，我们再说这个理由就已经不那么充分了。今天加强劳动教育最主要的理由应当是：劳动教育能够让儿童"全面发展"；学会动脑、动手，能够让孩子们的人生更有尊严，也更有意义。

加强劳动教育有消极的理由，也有积极的理由。若只讲消极理由、不讲积极理由，恐怕会让劳动教育成为外在于儿童生活实际的成人们的游戏。孩子在内心不认可的教育，一定不是好的教育。

二、强调体力劳动锻炼太过

《关于全面加强新时代大中小学劳动教育的意见》明确提出要

"让学生动手实践、出力流汗，接受锻炼、磨炼意志"在一定意义上也是对的。由于种种原因，许多"新时代"的儿童的确越来越缺乏体力锻炼的机会。但是与此相关的，一个令人忧虑的现象是，许多教育工作者还保持着几十年前"旧劳动教育"的思维惯习，自觉或不自觉地将劳动等同于体力劳动，将劳动教育等同于体力劳动锻炼。故如果不做认真反思，太过强调"出力流汗"，劳动教育肯定会走弯路。

实际上即便是在 20 世纪五六十年代，将劳动等同于体力劳动在理论上也是完全错误的。正是由于对这一劳动概念的误读，中国曾经在很长时间出现过人类文明史上一个极其反智的思潮与运动：将一部分劳动者——脑力劳动者"下放"到田间、地头，接受另外一类劳动者——体力劳动者的"思想改造"或"再教育"。今天，科学技术的重要性已经无与伦比，脑力劳动在全部"劳动"中的比重也已空前增加，我们甚至已经根本找不到可以脱离脑力劳动的纯粹的"体力劳动"了。此外，传统的"生产劳动"之外的服务业在 GDP 中的占比已经大大超过第一、第二产业，"消费性"或"服务性"劳动的比重空前增加也已经是不争的事实与趋势。因此，在脑力劳动、服务性劳动、复合型劳动比重空前增加的"新时代"，若不顾及劳动形态的新变化，一味强调"出力流汗"，劳动教育就会严重脱离时代与社会实际，在劳动概念的认识上误导儿童，从而误入歧途。

20世纪五六十年代，学校"旧劳动教育"得以顺利开展的一个重要条件，是许多学校都有支持"生产劳动"教育的校办工厂、农场。现在要恢复这一体制已经不太可能。故加强新时代劳动教育最为合适的途径，肯定是让孩子更多地关注与他们实际生活较为切近的劳动生活元素——智慧农业、快递小哥等。因此，依据劳动形态的变化与时俱进开展劳动教育，也是加强劳动教育最为经济、最有效率的教育选择。

三、强调独立课程设置太甚

《意见》特别强调要"根据各学段特点，在大中小学设立劳动教育必修课程，系统加强劳动教育"；"中小学劳动教育课每周不少于1课时""本科阶段不少于32学时"。教育部有关负责人在答记者问时干脆说要"将劳动教育与智育区别开，防止用文化课的学习取代劳动教育"[①]。

---

① 《构建新时代中国特色社会主义劳动教育体系——教育部有关负责人就〈中共中央 国务院关于全面加强新时代大中小学劳动教育的意见〉答记者问》，载《中国教育报》，2020年3月27日03版。

设置劳动教育必修课并规定必修课时，对于扭转劳动教育在学校教育中被淡化、弱化的趋势当然有正面意义，但这些政策宣示若不能辩证理解，劳动教育开展有可能前景堪忧。

中国劳动教育开展的一个重要理论依据是马克思主义"教育与生产劳动相结合"的原则。但这一原则有一个重要内涵是，现代教育在本质上具有"生产性"。换言之，与古代教育"坐而论道"的特征相比，现代教育无论是数学、物理、化学、生物，还是政治、历史、地理、语文，其教育内容无不具有"生产性"。因此，学校劳动教育应当更多地依托各科教学去开展。而"将劳动教育与智育区别开，防止用文化课的学习取代劳动教育"这一提醒最易歧义，稍不留神就可能让劳动教育课程与其他学科知识、价值与技能的教与学对立、分离，从而让劳动教育更为广阔的空间瞬间流失。因为无论如何努力，每周一课时（中小学 30～50 分钟不等），这种专门的劳动教育课，终究是时间有限、难以有大作为的。所以文件中另外一段规定，就值得引起广大教育工作者更大的关注——"除劳动教育必修课程外，其他课程结合学科、专业特点，有机融入劳动教育内容。"

设置专门课程、保障劳动教育，可以理解。但是强调独立的劳动教育课程设置太甚，可能有违教育规律，也不利于劳动教育自身。

　　以上三点忧虑，其实也可以转换为另外一种表达，那就是：
（1）要从更为积极的视角去看待新时代加强劳动教育的意义；
（2）要注意劳动教育形态变迁，开展与时俱进的劳动教育；（3）要
通过学校文化与教育生活的改造，而非单靠设置专门课程去开展劳
动教育。三点忧虑概括起来其实就是一个结论："新时代"需要有
"新劳动教育"；我们千万不要让时针逆转，让20世纪五六十年代
的"旧劳动教育"在21世纪的中国简单回归。

　　　　　　　　　　　　　　　　　2020年4月11日
　　　　　　　　　　　　　　　　　于京师园三乐居

劳动教育的中介地位初议[①]

长期以来，在关于社会主义的教育目的、教育方针、教育内容及教育功能等问题的探讨中，我们都遇到了如何认识劳动教育在社会主义教育中的地位问题，而劳动教育究竟处于一个什么位置，怎样评价和看待劳动教育才是恰如其分的，至今尚无定论。本文将从三个方面谈谈对这一问题的认识。

一、从教育功能的层次性看劳动教育的位置

教育作为培养人的社会活动其功能是多方面的，既有促进社会

[①] 本文见刊于《教育研究》1992年第9期，是笔者发表的第一篇关于"劳动教育"的文章。本次出版略有改动。

发展的功能，如教育的政治功能、经济功能、文化功能、调控人口的功能、保持生态平衡和促进环境保护功能等，又有促进个体发展的功能，即促进个体的物质素质和精神素质发展的功能。一般认为促进社会发展的功能和促进个体发展的功能是既有区别又有联系的，但是往往忽视这样一个问题，即促进社会发展的功能和促进个体发展的功能不是完全并列的两种功能，而是教育功能的两个不同层次。教育的首要功能或第一层次的功能是促进个体发展，满足社会需求，以实现政治、经济、文化等方面的社会功能。亦即通过向受教育者进行一定的有目的的系统影响，使之社会化，从而培养出适应一定生产力要求和合乎一定社会需要的人才，然后通过这些人去最终完成教育对社会政治、经济、文化诸方面的影响。教育虽然也有其直接的政治、经济、文化等影响，但教育功能就其典型性（即主要方面）来看是通过塑造一定规格的人才来完成对社会发展的影响的。教育如不能塑造一定规格的人才，就不成其为教育。

当然，教育促进个体发展的功能也有层次性。首先，个体发展分物质素质发展和精神素质发展两方面。物质素质指个体的身体素质，精神素质一般指知、情、意三个方面。因而要全面促进个体发展首先必须有体育，其次要有完善知、情、意发展的德育、智育、美育。

在社会主义社会，劳动教育在教育功能上的位置实际上处于一种

"中介地位"，这表现在两个层次上。首先，劳动教育有影响个体发展的一面。如果把社会主义劳动者广义理解为体、脑力劳动者之和的话，社会主义教育的功能则主要是培养社会主义劳动者。而劳动者首先必须具备一定规格的身体素质，具有一定规格的知识、情感和道德意志水平，即必须在德、智、体、美四个方面全面发展，而德育、智育、体育、美育的功能首先就是完成对劳动者基本素质即物质和精神素质的全面塑造。这时，可以说劳动教育处于德、智、体、美四育的直接目的的地位，或德育、智育、体育、美育只不过是在为劳动教育提供前提。当然，在劳动教育中，德、智、体、美四育的效果也会由于实践或应用而得到强化和增殖。因此，劳动教育又是进行四育的手段。从教育促进个体发展这一角度出发，劳动教育处于这样一种位置：社会主义劳动教育是促进个体发展使其对社会产生影响的"中介"，它既作为德、智、体、美四育的直接目的，又作为它们的重要手段参与对个体的发展促进。当然，这种参与带有第二层次的性质，教育对个体基本素质的培养首先是通过德、智、体、美四育去完成的。

其次，劳动教育在促进社会发展方面，更具重要地位。劳动教育的内容实际上可以分解为劳动观点（劳动态度）教育、劳动技术教育两个方面。前者直接影响社会政治、经济、文化等因素，学校培养出来的人是鄙视劳动、厌恶劳动还是热爱劳动、积极参与劳动，既影响人对经济活动的参与，也影响文化传递等社会因素。后者，劳动技术教育也具有促进政治、经济、文化等发展的功能，尤其在经济方面。劳动技术教育实际上是解决未来劳动者的"武装"问题，"武器"和方法的优劣当然影响他们进入社会之后在经济建设、文化传递、环境保护等工作中的成效，进而具有一定的政治意义。所以劳动教育不仅通过劳动观点、劳动态度的教育影响社会、政治、经济文化诸方面，而且通过劳动技术教育在促进社会发展上也有一定的影响。与劳动教育在促进个体发展方面功能所不同的是，这里劳动教育功能具有直接影响的特点，它不仅是中介而且是整个教育促进社会发展功能的直接组成部分。

因此，从促进个体发展这一角度看，劳动教育是德、智、体、美四育的目的和手段，具有中介性质，属于第二层次，而在教育促进社会发展功能方面，劳动教育也具有重要地位。总的说来，在教育功能上，劳动教育地位十分重要，但与德育、智育、体育和美育又不处于一个层次。

二、从教育内容的层次性看劳动教育的位置

如同教育功能可以划分层次一样，教育内容和其中包含的劳动教育的内容都具有层次性。

第一，教育（整体）内容具有层次性。如前所述，人的基本素质的培养表现在知、情、意及体格培养四大方面，因而教育内容应围绕塑造人格四个方面去展开、去组织，这样德、智、体、美四育的内容就成为教育的基本内容。除按上述思路理解，我们还可以从人的精神素质的另一角度做同样的结论。这就是人的精神的完善主要表现在对真、善、美的追求上，培养追求真的应是智育的内容，追求善的为德育内容，追求美的为美育内容，再加上对个体体格塑造的体育，教育的基本内容也应是德育、智育、体育、美育四大方面。说教育内容基本组成是德、智、体、美育四大方面绝不是要排斥劳动教育。在社会主义社会，教育对象的成品化即是广义的劳动者。因此四育对人才四个方面基本素质的培养乃是对未来劳动者进行训练，打下个体自身未来进入实际劳动过程所必需的物质和精神基础。当然从具备这些基础素质到进入实际劳动过程还必须有劳动教育做中介或过渡才行。思想品德教育必须引导学生热爱劳动，智育所完成的科学原理的教学应注意导向该原理在生产劳动过程中的运用，然后才能使学生自觉进入实际劳动过程，体育、美育所完成的体格和情感的塑造也应同生产劳动相结合，然后才能过渡到现实的劳动过程中去。

所有这些都证明劳动教育在整个教育内容中具有十分重要的地

位，但与德、智、体、美四育相比，它又处于中介的第二层次(见图1)的地位。把劳动教育从内容上与德育、智育、体育、美育相并列是不对的，也无此必要。

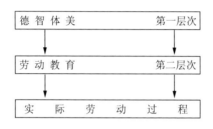

图1

第二，从劳动教育内容本身的层次性上看，劳动教育也是处于上述中介状态的。

劳动教育的主要内容实际上可以划分为两个层次。一个是与德、智、体、美四育相联系，包含于四育内容之中的部分，可称之为基础部分。另一个是只有在劳动教育中才能完成的内容，可称之为操作部分(见图2)。

实际上，劳动教育中的基础部分如劳动态度、劳动观点、劳动技术的科学原理部分、劳动者必备的基本体能及美感和创造性的培养等内容，分别从属于德育、智育、体育和美育。即四育中已经包含了劳动教育的基础部分，劳动教育内容的一部分已在四育中完

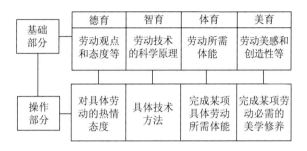

基础 部分	德育	智育	体育	美育
	劳动观点 和态度等	劳动技术 的科学原理	劳动所需 体能	劳动美感和 创造性等
操作 部分	对具体劳 动的热情 态度	具体技术 方法	完成某项 具体劳动 所需体能	完成某项劳 动必需的 美学修养

图2

成，对这部分内容，劳动教育的专门展开只不过起了一定的应用和强化作用而已。劳动教育的操作部分是劳动教育的主体内容，它要完成学生对某一项劳动的了解和热爱，掌握该项劳动的具体技术和方法，进而在体能和情感的某些方面得到具体和特殊的锻炼。如学生进行商业销售劳动时，就必须把一般的劳动观点转化为热爱服务劳动的热情，把学习中所掌握的科学原理如经济学原理转化为进行商业销售劳动的具体技巧，必须对耐久力方面的体能做专门准备，必须学习优秀服务人员的仪表美、言语美、行为美，等等。这些内容都必须通过专门的讲解和具体操作才能完成，属于劳动教育的第二层次。当然，学生当营业员与营业员本身的劳动又是有区别的，前者是劳动教育的一种层次，后者则属于具体的劳动过程。由此看来，劳动教育就其本身内容看也处于基本素质教育即德、智、体、美四育向实际劳动过程的过渡和中介位置。正因为如此，教育与劳动教育有时可以相对表述。

三、劳动教育的中介地位不是对劳动教育地位的贬低

把劳动教育从功能和内容上论证为中介地位似乎贬低了劳动教育，因为上述说法把劳动教育从培养人的基本素质的第一层次活动中划了出去。实际上恰恰相反，这样分析的结果不是贬低而是提高了劳动教育在整个教育体系中的地位。这可以从以下几个方面得以证明。

首先，按照这一划分，劳动教育虽已不再同德、智、体、美四育处于同一层次，但它却是四育的直接目的和重要手段，即没有劳动教育作为中介，社会主义德育、智育、体育、美育对社会政治、经济、文化等方面的作用和影响就难以真正实现。作为教育目的与手段的劳动教育，绝不比作为基本素质教育第一层次的组成部分更为逊色，相反，它一开始就是作为四育的直接目标而存在于教育过程、教育内容的整体当中的。

其次，从劳动教育的内容上看，其中相当一部分劳动教育的内容已包含在德、智、体、美四育当中，强调基本素质教育本身已包

含了对劳动教育一部分内容的肯定，何况还有独立或专门的劳动教育存在。由此看来，这种分析实际上对劳动教育做了"双重承认"，所以不会导致对劳动教育地位的贬低。

最后，由于劳动教育中介地位的确立，我们可以较为科学和理智地评价劳动教育，既不会把劳动教育凌驾于德育、智育、体育、美育之上或强行与之并列，也不会导致德育、智育、体育、美育与劳动教育相隔离。这样做，有助于正确地确定教育目的、教育内容，也有助于劳动教育课程本身的合理设置，从实践意义上来说是推动了劳动教育的实施，而不是相反。

历史之思与专业之辨

——黄济劳动教育思想及其当下意义[①]

一、引言

黄济先生是新中国马克思主义教育学的重要代表学人之一。他在教育哲学、德育、美育、劳动教育等方面都有重要研究成果。劳动教育与"教育与生产劳动相结合"、实现人的"全面发展"等马克思主义经典教育命题有着最为直接、内在的关联，所以自然就成为他特别在意也不断思考的一个重点研究领域。从 1963 年付梓的《教育学讲授提纲》到 2004 年完成的《教育学十讲》，如何正确理解、有效开展劳动教育，都是黄济先生有过专门论述且有穿越时空的历史之思和专业之辨的重要课题。

[①] 本文已见刊于《中国教育科学》2021 年第 6 期，本次出版略有改动。

本文所谓"历史之思"，一是指黄济先生的劳动教育论述，始终与他对社会主义理论与实践的思考有直接关联，其劳动教育思想具有鲜明的历史唯物主义特色；二是指黄济劳动教育之思不仅具有不同历史时期教育问题的针对性，而且对于当下劳动教育的健康推展具有十分宝贵的现实意义。当然，作为教育哲学的大家，黄济先生对于劳动教育的"历史之思"不仅是与其教育学的"专业之辨"融为一体的，更是落实在他具体的教育专业论述之中的。

本文以《教育学讲授提纲》(1963)和《教育学十讲》(2004)两个不同时期的重要文献(均收录于人民教育出版社2004年版《历史经验与教育改革》一书)为主，辅之以其他文献展开文本分析，努力呈现黄济先生关于劳动教育的历史之思、专业之辨，以方便研究者全面、准确了解黄济劳动教育思想的概貌，并进一步思考这一思想对于我国劳动教育理论与实践建构的当下意义。

二、黄济劳动教育思想的主要内容

依据《教育学讲授提纲》《教育学十讲》等文本，黄济先生关于劳动教育的论述主要聚焦于以下五个方面。

(一)教育起源于劳动

黄济先生对劳动与教育关系的一个重要理解，就是主张"劳动创造了人类，教育也在劳动的过程中产生"[1]。在1963年完成的《教育学讲授提纲》第2部分(《教育的本质》)中黄济先生详细论述了教育的"劳动起源说"。其主要论据在于两个维度：第一，劳动让古猿进化为人，从而创造了教育赖以产生的前提——"由于劳动，猿的机体才进化成为人的机体，作为劳动器官的手，作为思维器官的大脑和作为交际工具的语言，都是在劳动过程中产生和得到进一步发展，这些都是作为社会现象的教育产生的必要前提条件。"[2]第二，劳动中产生的对于劳动经验传递的需要，直接促进了教育的产生。"原始的人类在劳动过程中学会使用工具和制造工具……这些劳动经验，需要传授和学习，这种传授和学习的过程，就是原始的教育的产生，所以教育是劳动的产物。"[3]

黄济先生对于教育的"劳动起源说"的坚持，在由其领衔主编的、有着广泛影响的《小学教育学》教科书中也得到了延续和强化。《小学教育学》第一章《教育》由他亲自撰写，在介绍、比较教育的"生物起

---

[1] 黄济：《历史经验与教育改革》，227页，北京，人民教育出版社，2004。
[2] 同上书，227页。
[3] 同上书，227~228页。

源说""心理起源说"之后，黄济先生认为"劳动起源说""是在批判生物起源说和心理起源说的基础上，在马克思主义唯物史观指导下形成的。前苏联和我国的教育学者大都持这一观点。"并进一步说明："在原始的教育中，传递生产劳动经验虽不是全部，但仍属教育活动的主要内容。这不仅因为生产劳动是制约其他社会活动的决定因素，而且如语言与交往等的发展也与生产劳动有着密切的关系。"①

以上有关教育起源于劳动的论述，表面看来似乎不是关于劳动教育的直接论述。但劳动创造历史、劳动创造人本身，无疑是马克思主义唯物史观、劳动价值观最重要的命题之一；且黄济先生诸多劳动教育思想都与劳动创造历史、劳动创造人本身、教育起源于劳动等命题有着内在的关联，故上述对劳动与教育关系的理解至少可以视为黄济劳动教育诸多论述的理论基础之一。

(二)劳动教育是大生产及社会主义建设的需要

和许多同时代中国教育学者一样，黄济对于劳动教育的论述是与其对"教育与生产劳动相结合"或培育"全面发展的人"这一马克思主义教育经典命题的阐释直接关联的。

---

① 黄济、劳凯声、檀传宝：《小学教育学》，10 页，北京，人民教育出版社，2008。

黄济一方面认为"在教育中实行不实行教劳结合，是社会主义教育与历史上奴隶社会、封建社会的剥削阶级教育的基本区分点"，但同时他又认为"将生产劳动教育提上日程，是在资本主义大生产发展出现之后"，"把大工业生产劳动与教育结合起来，不仅是提高生产的方法，而且是培养全面发展的人的唯一方法。这种生产劳动教育，就是马克思所说的综合技术教育，它包括了掌握现代生产的基本原理和使用简单生产工具的技能"。① 这些论述既强调了自觉实行教劳结合所体现的社会主义教育性质，也兼顾了大生产(资本主义、社会主义都有)对于教劳结合原则的决定性意义。

　　十月革命之后，教劳结合的教育原则及马克思设想的"综合技术教育"很快成为苏联的教育政策实践。因此，黄济认为"教劳结合是马克思列宁主义教育思想中的一项基本内容，它是实现体脑结合和最后走向体脑差别消灭的重要途径。"②中国共产党领导的革命根据地建设以及新中国成立后的教育实践，也都确立并贯彻了教劳结合的原则，并特别强调了"知识分子与工农结合"的政治方针。比如延安时期知识分子参加生产劳动就"既解决了老解放区'生产自救'

---

① 黄济：《历史经验与教育改革》，107 页，北京，人民教育出版社，2004。
② 同上书，107 ~ 108 页。

和'自己动手，丰衣足食'的问题，更解决了知识分子走与工农相结合的道路问题，真正做到了使'劳动者知识化，知识分子劳动化'的'两化'的要求。"因此，"我国所实行的劳动教育，既有从事生产劳动的要求，又有思想教育的任务在内。"①"教育与生产劳动结合，是理论与实际结合，脑力劳动与体力劳动结合，知识分子与工农群众结合的重要途径"②。

(三)劳动教育应当重视继承我国道德教育传统

黄济先生不仅认为"我国所实行的劳动教育，既有从事生产劳动的要求，又有思想教育的任务在内"，而且还明确提出要"发扬我国在劳动教育中的道德教育传统"。③

他认为，"爱劳动"的要求"不仅对提高全国国民的公德④是必要的，对于青少年一代来说更有其现实的重要意义。为此，在基础教育中，应当从小学生的自我服务做起，到参加家务劳动和学校及社会的公益劳动以至生产劳动，培养学生正确的劳动观点，养成劳

---

① 黄济：《历史经验与教育改革》，108 页，北京，人民教育出版社，2004。
② 同上书，402 页。
③ 同上书，108 页。
④ 1949 年 9 月通过的《中国人民政治协商会议共同纲领》第 42 条提出："提倡爱祖国、爱人民、爱劳动、爱科学、爱护公共财物为中华人民共和国全体国民的公德。"

动习惯，培养学生艰苦朴素的生活作风，增强学生为集体服务的社会责任感；同时在参加生产技术劳动中，注意培养学生为社会创造财富的爱国主义思想和情感，把生产技术教育与劳动中的道德教育结合起来"。他还特别强调，"以劳动中的道德教育取代生产技术教育，这不是马克思体脑结合的现代生产劳动的观点；相反的，只重视生产技术教育，而排斥生产劳动中可能进行的道德教育，也是一种执一而排他的片面观点。"①

以上论述中黄济先生所说的"我国在劳动教育中的道德教育传统"，无疑主要是指新中国成立以来的劳动教育传统。但考虑到黄济先生国学功底深厚，曾经多次书写"一曰勤，二曰俭，三曰不敢为天下先"以为座右铭②等因素，我们也可以"观其所由"而"明其奥义"地合理推论：在其思想深处，"我国在劳动教育中的道德教育传统"其实也包括了我国古代教育强调勤劳节俭、通过劳动修养德行等德育传统③。

(四)劳动教育应当增加现代科技因素

由于我国劳动教育思想直接源于"教劳结合""体脑结合""全面

---

① 黄济：《历史经验与教育改革》，109 页，北京，人民教育出版社，2004。
② 檀传宝：《黄济先生的俭德》，载《中国教师》，2015(1B)。
③ 于超、于建福：《五育并举，知行合一——黄济先生劳动教育思想的精神特质》，载《教育研究》，2020(8)。

发展"等马克思主义教育主张，所以劳育与智育(更广一些的理解就是精神的发育)的联系就是理所当然的了。故强调劳动教育应当增加现代科技因素，也就自然成了黄济先生劳动教育论述的一个重要方面。

黄济先生认为，既然现代大生产是马克思主义教劳结合、劳动教育思想的社会基础，劳动教育与现代科技的结合就是一种历史的必然。所以"在劳动教育中，应当首先是进行生产技术教育，而且是与大生产相结合的生产技术教育，这才符合马克思主义有关教劳结合的思想。"即便是"学农"，也应当"尽量地增加劳动中的科学知识因素，如在农业生产中，加强土壤的检定，良种的培育，化肥的有效施用等等……"①

与此同时，黄济先生认为，学生参加生产劳动可以大大提高学习质量，具有十分重要的智育意义。"因为在劳动中，理论和实际结合起来了，知识领域扩大了，感性知识丰富了，亲身体验增多了，就有助于进一步明确学习目的，提高学习的自觉性和更好地理解和巩固课堂所学的理论知识，并培养了他们的独立思考能力和独立工作能力……同时，由于脑力劳动和体力劳动相结合，二者能得

---

① 黄济：《历史经验与教育改革》，108 页，北京，人民教育出版社，2004。

到调节，互相补益，就能提高大脑的工作能力，学习精力就会更加旺盛。"①我们完全可以说，强调劳动教育与德育、智育的有机结合是黄济劳动教育思想的重要特征之一。

（五）劳动教育是劳动与教育的有机结合

劳动教育不是劳动本身，学生参加生产劳动（接受劳动教育）不同于工农业生产劳动本身，是黄济劳动教育思想最为精彩的观点之一。黄济先生指出："在劳动中，要注意培养学生对生产负责的观点，要求他们认真完成生产任务。""生产劳动的思想教育作用，也在于它能创造物质财富，注意创造价值的劳动才能成为教育的因素。"但是"必须明确，学校是教育机关，不是生产单位；学生参加生产劳动的主要目的，是为了受到教育和锻炼，不是为了获得经济收益。"也就是说，学校不等于工厂，劳动教育也就不能被理解为纯粹的经济活动。②

劳动教育不等于生产劳动本身，生产劳动也不直接等同于劳动教育。黄济先生特别指出："生产劳动中的思想教育不是自发产生的……劳动如果没有与之相伴随的教育，就不可能达到应有的教育

①　黄济：《历史经验与教育改革》，402～403页，北京，人民教育出版社，2004。

②　同上书，403～405页。

作用，甚至可能会成为一种单纯消耗体力的过程。"他还特别提醒教育工作者要特别注意在劳动中帮助学生克服"好逸恶劳、轻视体力劳动和体力劳动者的思想"。①

劳动教育是劳动与教育的有机结合，还有一个十分重要的实践意涵，即"科学基础知识的教学和生产劳动都有它自身的体系，二者的互相结合应该是有机的，不能破坏各自的独立体系。如果片面强调教学应该完全服从生产劳动的需要……因而破坏学科知识的系统性，降低了学生的基础知识水平，当然是不正确的。相反的如果片面强调生产劳动应该完全服从教学的需要，认为凡是不能结合教学的生产劳动就不搞，把生产劳动仅仅看成联系教学，获得知识的手段，而忽视它的教育意义，当然也是不正确的。"②

三、黄济劳动教育思想的当下意义

若超越《教育学讲授提纲》和《教育学十讲》两个文本，仔细思索我们不难发现，自 20 世纪 50 年代起，黄济先生对于劳动教育的

---

① 黄济：《历史经验与教育改革》，404 页，北京，人民教育出版社，2004。
② 同上书，406 页。

历史之思、专业之辨实际上跨越了半个世纪。故毋庸讳言，今天当我们重新阅读黄济先生有关论述时，不免会感受到其劳动教育论述在思想内容及论述方式上的某些时代印记，也包括某些局限性。比如，黄济先生的"劳动"概念，对工农为主体的劳动者、工农业劳动为主体的劳动形态的关注是较多的。在高科技、脑力劳动作用越来越明确，我国第三产业（服务业，而非传统的工业、农业）占比已经超过50%的情况下，先生的一些论述显然已需要做与时俱进的理解了。此外，劳动教育虽然重要，但在逻辑层次上也的确不应与德、智、体、美四育做一个层面的并列，2005年瞿葆奎教授与黄济先生关于劳动教育的那场著名的理论对话，或可视为关于后一局限性讨论最为生动的学术文献之一①。

但是另一方面，若能耐心下来向先生学习、与先生对话，我们又不难发现：时间的尘土根本无法掩盖黄济劳动教育思想的光彩。黄济先生关于劳动教育的"历史之思""专业之辨"对于我们当下劳动教育的理论建设及实践开展都有极为重要的指导意义。

（一）如何看待劳动教育的重要意义

2018年全国教育工作会议以来，劳动教育广受瞩目。但是教育

---

① 瞿葆奎：《劳动教育应与体育、智育、德育、美育并列？——答黄济教授》，载《华东师范大学学报（教育科学版）》，2005(3)。

工作千头万绪，在教育实践中，劳动教育极有可能变成学校若干事务性工作之一。因此，教育工作者如何真诚看待劳动教育的重要意义，就成为一个极具现实意义的课题。

从黄济先生的有关论述中不难看出，劳动教育不仅仅是全部教育工作的一项具体事务，而且是当代教育适应现代大生产的规律性要求、贯彻教劳结合等社会主义教育原则的重要体现。劳动教育既是实现人的全面发展的必由之路，也是实现体脑结合、知识分子与工农结合、"培养学生正确的劳动观点，养成劳动习惯，培养学生艰苦朴素的生活作风，增强学生为集体服务的社会责任感"等"劳动中的道德教育"的重要途径。黄济先生的劳动教育思想对于我们准确把握劳动教育之于立德树人根本任务的重要意义极具启发性。

（二）如何理解劳动教育的目标与内容

劳动教育本是大生产的要求，是教劳结合原则的落实。因此，劳动教育包括但从来就不简单等同于体力劳动的锻炼。"在劳动教育中，应当首先是进行生产技术教育，而且是与大生产相结合的生产技术教育，这才符合马克思主义有关教劳结合的思想。"[1]在当下

---

[1]　黄济：《历史经验与教育改革》，108 页，北京，人民教育出版社，2004。

高科技作用越来越明显、脑力劳动的重要性前所未有地凸显的情况下，黄济先生的这一"老"论述对于纠正今天许多人仍然坚持将劳动教育简单等同于"动动手、流流汗"这样的片面认识是一个崭新而重要的提醒。

"以劳动中的道德教育取代生产技术教育"，或"只重视生产技术教育，而排斥生产劳动中可能进行的道德教育"，都是一种执一而排他的片面观点。黄济先生关于劳动教育中生产技术教育与道德教育关系的辩证理解，对于防止将劳动教育等同于技术教育或者将劳动教育等同于德育的错误认知，也有重要的现实意义。

（三）如何合理开展劳动教育的实践

如何理解劳动教育的目标与内容，已经在讨论劳动教育实践的合理展开。除此以外，黄济先生特别提醒的"必须明确，学校是教育机关，不是生产单位；学生参加生产劳动的主要目的，是为了受到教育和锻炼，不是为了获得经济收益。""劳动如果没有与之相伴随的教育，就不可能达到应有的教育作用，甚至可能会成为一种单纯消耗体力的过程。"这就很好地处理了劳动与教育的辩证关系。这些论述大大有助于我们防止"有劳动无教育""有教育无劳动"等错误的理论思维与实践倾向。

而"科学基础知识的教学和生产劳动都有它自身的体系，二者的互相结合应该是有机的"等论述，也对当前劳动教育的开展有重要启发。虽然"有机"结合的实现并不容易，但是智育与劳动教育有机结合的重要性却是毋庸置疑的。因为唯有这一有机结合的顺利实现，才能使得科学知识的学习获得真正的社会、生活意义，也唯有这一有机结合的真正实现，劳动教育也才可能在各科课程实施中获得因势利导开展的巨大可能性。

黄济先生已于2015年辞世，先生关于劳动教育的主要论述已经成为当代中国教育思想的历史文本。而本文对于这些文本的解读与分析，也已经成为对先生劳动教育的"历史之思""专业之辨"的一种特别的思想传承了。继往开来，由衷希望黄济先生的劳动教育思想能对中国劳动教育理论与实践的后来者有所裨益。

如何让"劳动"成为一种"教育"？

——对劳动与劳动教育的概念之思①

2018 年全国教育大会以来，劳动教育的实践已经如火如荼，对劳动教育的研究也可谓高潮迭起，著述众多。劳动教育理论研究不断取得进展最重要的标志之一，就是学术界开始对劳动教育政策与实践中日益凸显出来的诸多问题展开反思，其中具有代表性的反思之一就是对"有劳动无教育"现象的批判与分析。

一、"有劳动无教育"现象及其认识根源

北京师范大学班建武教授曾经专门撰文指出："当前，学校在推进劳动教育的过程中，对于劳动和劳动教育关系的理解存在不同

---

① 本文已见刊于《华东师范大学学报（教育科学版）》2022 年第 6 期。

程度的实践误区，导致在劳动教育形式上用直接劳动代替对劳动的教育设计，在资源开发上将劳动教育资源简单等同于劳动资源，在评价上则用对劳动成果的评价来取代对劳动教育综合育人效果的评价。"①一言以蔽之，在当前教育实践中广泛存在着将受教育者驱赶到劳动现场就算是"开展了劳动教育"的简单思维和粗糙做法。

从逻辑上说，"劳动"当然不直接等同于"劳动教育"。早在20世纪60年代，黄济先生就已注意到这一"有劳动无教育"的现象。他曾经特别指出："生产劳动中的思想教育不是自发产生的。……劳动如果没有与之相伴随的教育，就不可能达到应有的教育作用，甚至可能会成为一种单纯消耗体力的过程。"他还特别提醒教育工作者，要特别注意在劳动中帮助学生克服"好逸恶劳、轻视体力劳动和体力劳动者的思想"。② 这里黄先生所言的"教育"意涵重在"德育"（思想教育），但是其"劳动如果没有与之相伴随的教育，就不可能达到应有的教育作用"的论述却是一针见血的，也是具有原理性质的论述。所以在另外一处论述中，黄济先生就强调了劳动教育与智育、科技教育的内在关联。黄济先生认为："在劳动教育中，

① 班建武：《劳动与劳动教育的关系辨析及其实践意义》，载《广西师范大学学报（哲学社会科学版）》，2001（2）。
② 黄济：《历史经验与教育改革》，404页，北京，人民教育出版社，2004。

应当首先是进行生产技术教育，而且是与大生产相结合的生产技术教育，这才符合马克思主义有关教劳结合的思想。"即便是"学农"活动，也应当"尽量地增加劳动中的科学知识因素，如在农业生产中，加强土壤的检定，良种的培育，化肥的有效施用等等……"①

可惜的是，今天的劳动教育实践，并未从几十年前就有的教育思想资源中汲取宝贵营养。

"有劳动无教育"的现象是如何形成的？除了在国家做出加强劳动教育的决策部署之后劳动教育在全国迅速、普遍展开还来不及做更为理性的沉淀、反思等客观因素，一个十分关键的原因就是我们对"劳动教育"这一概念本来就没有形成应有的认识基础。换言之，"有劳动无教育"现象的产生，有其认识论的根源——人们对"劳动教育"这一概念的内涵、对劳动与教育的关系等还没有形成应有的理论共识。

班建武详细分析了这一现象的认识根源，认为"劳动与劳动教育的关系至少存在三种实践形态。一是将劳动视作教育的基本属性，强调教育的劳动性；二是将劳动作为劳动教育的目标，强调劳动素养的培养；三是将劳动作为劳动教育的载体，强调劳动的教育

---

① 黄济：《历史经验与教育改革》，108 页，北京，人民教育出版社，2004。

价值"，而"以上这三种不同的劳动教育要想完全兼顾，是有一定难度的。这就需要我们回归劳动教育最基本的层面来思考何种意义上的劳动与劳动教育关系更有利于实践的开展。""从教育活动的命名逻辑、教育政策的价值取向以及现实劳动教育实践问题的解决这三个角度来看，将劳动视为劳动教育的目标更能够彰显其作为'五育'之一的独特育人价值，从而也更有利于劳动教育育人效果的取得。"①在他看来，若"将劳动视为劳动教育的目标"，"有劳动无教育"的认识错误就可能得以一定程度的纠正。

但若仔细、深入分析就不难发现，人们对劳动教育的认识问题，也恰恰就集中在如何"将劳动视为劳动教育的目标"的具体理解上。从强调劳动教育重要性的角度，或者从有利于面向大众宣传劳动教育重要性等工作开展的角度，倡导"德智体美劳""五育并举"可能是无可厚非的。但是若对教育目的做更深入的理论分析，人们就会认识到：简单地将"劳"（劳动素养）与"德智体美"、将劳动教育与德育、智育、体育、美育四种教育相提并论，在逻辑上是不严密的。

社会主义教育体系之所以特别重视劳动教育，重要原因之一是

---

① 班建武：《劳动与劳动教育的关系辨析及其实践意义》，载《广西师范大学学报（哲学社会科学版）》，2001（2）。

"教育与生产劳动相结合"这一经典的马克思主义教育主张。关于理想的未来教育，马克思曾经在《资本论》里明确指出："从工厂制度中萌发出了未来教育的幼芽，未来教育对所有已满一定年龄的儿童来说，就是生产劳动同智育和体育相结合，它不仅是提高社会生产的一种方法，而且是造就全面发展的人的唯一方法。"①在《哥达纲领批判》中马克思更进一步指出："生产劳动和智育的早期结合是改造现代社会的最强有力的手段之一。"②列宁也曾有过类似的表述："没有年轻一代的教育和生产劳动的结合，未来社会的理想是不能想象的：无论是脱离生产劳动的教学和教育，或是没有同时进行教学和教育的生产劳动，都不能达到现代技术水平和科学知识现状所要求的高度。"③

无论是苏联时期的教育实践，还是新中国成立以来的教育实践，社会主义教育体系之所以高度重视劳动教育，都与通过"教育与生产劳动相结合"去实现人的全面发展这一马克思主义教育思想有着最直接的关联。但是人们往往忘记了一个基本的逻辑早已内嵌

---

① 《马克思恩格斯全集》第二十三卷，530页，北京，人民出版社，1972。
② 《马克思恩格斯选集》第三卷，318页，北京，人民出版社，1995。
③ 列宁：《民粹主义空想计划的典型》，见《列宁全集：第2卷》，413页，北京，人民出版社，1959。

于"教育与生产劳动相结合"这一命题或表述本身——既然谈"教育"与"生产劳动"相结合，就意味着它们是两个独立的存在——因为若是同一个事物，也就不存在要两者结合的问题了。"教育与生产劳动相结合"首先是指马克思所关注到的机器大工业所代表的"生产劳动"过程之内的结合(由于生产过程中科技因素的存在，普通劳动者也必须接受教育)。但生产过程之内的结合需要生产过程之外的结合才能实现，这就需要基础教育、高等教育在生产过程之外既独立存在(分离也是结合的形式之一)①，又按照"教育与生产劳动相结合"的原则培养全面发展的人，其中重要途径之一当然就是"劳动教育"。换言之，虽然"生产劳动"无比重要(不仅仅对教育，而且是对整个社会发展的推动)，但是在培养现代人的教育实践上，我们所需要的却是实现它与"教育"过程的有机结合。劳动教育，其实是实现这一结合、培育全面发展的人的重要途径和现实形态之一。

这样，就存在这样几个认识上的问题：如何理解劳动教育中的"劳动"，它与"生产劳动"意义上的"劳动"是一个概念吗？如何理解劳动教育概念的内涵与形态？如何理解劳动教育的地位？

----

① 参见成有信：《现代教育论集》，162～182页，北京，人民教育出版社，2002。

二、对"劳动"概念与劳动教育地位的理解

劳动教育中的"劳动",它与"生产劳动"意义上的"劳动"是否一个概念?表面看起来,两者是有显著区别的,因为儿童所接受的劳动教育中的"劳动"并非成人世界所从事的真正意义上的"劳动",但是两个语境中的劳动概念的内在关联也是不言而喻的。

若分析目前的政策话语,"德智体美劳"中的"劳",主要包括"日常生活劳动、生产劳动和服务性劳动"①。其分类的依据其实是儿童生活与教育的实际,而非逻辑严格的劳动类型划分。因为仔细分析不难看出所谓"日常生活劳动、生产劳动和服务性劳动"三个劳动形态,可能是相互交叉的——日常生活劳动中也可能包括生产劳动、服务性劳动(实际上指志愿服务劳动,而非第三产业意义上的服务性劳动);而志愿服务劳动,也可能发生在生产环节(义务劳动)与日常生活(如青少年在养老机构的志愿服务)中。而严格意

---

① 《中共中央 国务院关于全面加强新时代大中小学劳动教育的意见》中有这样的表述:要"有目的、有计划地组织学生参加日常生活劳动、生产劳动和服务性劳动,让学生动手实践、出力流汗,接受锻炼、磨炼意志,培养学生正确劳动价值观和良好劳动品质"。

上的劳动类型的划分，如体力劳动与脑力劳动，家务劳动与职业劳动，农业劳动(第一产业)、工业劳动(第二产业)与服务业劳动(第三产业)，等等，都需要服从严格的分类逻辑(比如按照一个标准分类，外延不能交叉重叠)。当然，虽然分类逻辑未必严格，但从劳动教育开展的实际来说，依据儿童生活与教育的实际去考虑与儿童生活较为切近(家庭、学校、社会)的劳动形态开展劳动教育的设计，却是合乎教育逻辑的。也就是说：学校开展劳动教育时的"劳动"与真正的劳动世界里的"劳动"概念既有区别，又有联系。就其区别而言，学校开展"劳动教育"时的"劳动"是需要按照"教育"的逻辑与实践的方便去做适当裁剪的，儿童参与劳动(教育)就是接受一种教育，其主要目的也在于素养的提升而非产品的生产。这就有点像杜威在提出"学校即社会"命题的同时又强调学校须是经过"简化""净化"的社会环境①一样。而就劳动教育中的"劳动"与劳动世界里的"劳动"两概念的联系而言，"劳动"就是"劳动"，并无校内与校外两种截然不同的"劳动"概念；而且学校里的"劳动"与生活世界里的"劳动"概念联系越紧密，劳动教育就可能越有教育的实效

---

① 参见[美]杜威：《民主主义与教育》，王承绪译，21~24页，北京，人民教育出版社，1990。

性。换言之，若学校教育中的"劳动"概念与社会生活里的真实"劳动"完全不同，则劳动教育可能会误导、妨碍儿童对"劳动"概念的全面、准确的认识。

若是考虑以上关于劳动教育中的"劳动"与"生产劳动"意义上的"劳动"的关系，我们就不难得出一个结论——劳动教育里的"劳动"，其实是一种在一般素养培育意义上的"教育"完成之后受教育者走向真实"劳动"世界的"过渡"或者中介教育形式。这一点，也可以在对教育目的的逻辑分析中得到进一步验证。

从教育目的的逻辑层次上说，"劳"的素养与德、智、体、美，并不处于同一个逻辑层面①。德、智、体、美着眼点在于人的基本素养；德、智、体、美诸育，则是对这一基本素养的培育。其中，体育对应于身体素养的提升，智育、美育、德育分别对应于精神素养中的知、情、意等素养的培育。以此类推，与德育、智育、体育、美育对应，劳动教育，就肯定是一种综合的教育形式(也是"教育与生产劳动相结合"在学校教育系统中的实现形式之一)。劳动教育其实就是一般素养的"学以致用"，或者德智体美学习之后的"理

---

① 参见瞿葆奎：《劳动教育应与体育、智育、德育、美育并列？——答黄济教授》，载《华东师范大学学报(教育科学版)》，2005(3)。

论联系实际"环节。如此，与德育、智育、体育、美育等边界明确的概念不同，所谓"劳动教育"其实是一个复合性的教育概念。它实际意味着：通过特定劳动实践形式与教育目的的自觉衔接，实现对受教育者德、智、体、美诸素养之"理论联系实际"的培育，劳动教育是一个与德育、智育、体育、美育杂糅在一起的概念；以此推论，德育、智育、体育、美育等日常教育活动，也就因此都可以成为劳动教育得以有效开展的普遍的形式与途径了。所以，劳动教育虽然十分重要，但其合理的逻辑定位却应当是：德、智、体、美基本素养的综合运用，或者从德、智、体、美基本素养培育到真正的（工人、农民、科技工作者等）"生产劳动"实践的中间环节或者"中介环节"。故"德智体美劳五育并举"这一重要的政策宣示，在学术上的合理表达却应当是："德智体美全面发展""教育与劳动实践相结合"。这里需要说明的是：由于当代劳动形态的迅猛发展，与马克思所生活的 19 世纪相比，今天的劳动已经大大拓展了概念外延（比如在中国，"生产劳动"即第一产业、第二产业的产值——在 GDP 中的占比已经下降到 40% 以下，服务业占比则已超过 50%；发达国家"生产劳动"的占比则比中国更低），"教育与劳动实践相结合"比"教育与生产劳动相结合"的表达更为合理。

若我们认可劳动教育是一种复合性教育概念、是一般素养培育走向劳动实践的中介形式这一逻辑定位，则我们在劳动教育上的许多困扰都可以迎刃而解。比如如何克服"有劳动无教育"的错误，如何让"劳动"具有"教育性"从而让"劳动"成为一种"教育"——"劳动教育"？

三、让"劳动"成为"劳动教育"命题的实现

如前所述，劳动教育的合理定位应当是德、智、体、美基本素养培育到真正的"生产劳动"实践的"中介环节"。在这一语境之下，所谓"有劳动无教育"的真实意涵，其实就是某些畸形的劳动教育只有"劳动"过程本身而没有劳动教育应有内涵的"德育、智育、体育、美育"而已。如何克服"有劳动无教育"的错误、让"劳动"变成"劳动教育"的课题，也就应当因此而自然地转换为：如何在劳动教育实践中，实现与德、智、体、美诸素养的培育的自觉、有机的联结的问题了。

让"劳动"成为"劳动教育"，首先要做的就是有意识地在劳动教育实践中强化劳动价值观的培育（完成德育的任务）。习近平在全国教育大会（2018 年 9 月）上的讲话中有关劳动教育论述的重点，也正是劳动价值观教育："要在学生中弘扬劳动精神，教育引导学

生崇尚劳动、尊重劳动，懂得劳动最光荣、劳动最崇高、劳动最伟大、劳动最美丽的道理，长大后能够辛勤劳动、诚实劳动、创造性劳动。"除了一般意义上教育儿童热爱劳动、热爱劳动者(劳动人民)、珍惜劳动果实、摒弃不劳而获的错误价值观等教育目的，当代社会，如何确认劳动创造历史、劳动创造人本身等社会历史命题，如何认识脑力劳动、体力劳动的重要价值从而公正对待不同岗位的劳动者，如何通过劳动获得尊严、如何克服劳动异化所导致的种种弊端，劳动价值观的教育任务其实是十分艰巨、复杂的。但唯有努力完成劳动价值观教育这一任务，劳动才能成为一种具有"教育性"的活动。

让"劳动"成为"劳动教育"，一个必须完成的重要任务就是要有意识地在劳动实践中努力促进学生现代科技的学习与智慧水平的提升(完成智育的任务)。如前所述，社会主义的劳动教育与马克思主义"教育与生产劳动相结合"的主张有非常密切的联系，苏联以及我国 20 世纪五六十年代提倡"劳动技术教育"的原因也在于此。故"在劳动教育中，应当首先是进行生产技术教育，而且是与大生产相结合的生产技术教育，这才符合马克思主义有关教劳结合的思想。""以劳动中的道德教育取代生产技术教育，这不是马克思体脑结合的现代生产劳动的观点。"①许多人都有一个认识上的误区，就是认为如果劳动教育强调科学技术的学习、智力的发展，就无法区别于"智育"。但人们忘记的是：若按照这一逻辑，当劳动教育强调培育劳动价值观的时候是不是也无法区别于"德育"，强调劳动教育对于学生体能、意志的锻炼也就无法独立于"体育"了？事实上恰恰相反，劳动教育是一般教育走向真实劳动世界的中介环节；只有与智育、德育、体育、美育等建立有机联系，劳动才具有"教育性"、才能成其为一种真正的教育实践。当代社会，在现代科技对社会生产、社会发展的决定性作用日益凸显的情况下，将"劳动"窄化为"体力劳动"，无疑是反智的认知；而为了人为区别于"智育"概念而否定劳动教育与智育的天然、内在的联系，实质上也是对社会发展规律与现代教育性质的无视。相反，教育家苏霍姆林斯基曾经明确指出："儿童的智慧出在他的手指上。""儿童和青少年的手已掌握或正在掌握的技艺越高明，他就越聪明，他深入分析事实、现象、因果关系、客观规律的能力也表现得越突出。"在劳动教育中"如果少年看到，在体力劳动中可以解决智力课题，可以实现他的

---

① 黄济：《历史经验与教育改革》，108～109页，北京，人民教育出版社，2004。

意图，那么他就会创造性地进行劳动，并在普通劳动中也享受着丰富的精神生活。"故"教师的任务在于，鼓励学生从事有趣味的、富有创造性的劳动。智力和体力在这种劳动中的结合，正是使年轻一代得到思想锻炼的条件。"①

让"劳动"成为"劳动教育"，一个必须完成的重要任务就是要有意识地在劳动锻炼中实现体格、体魄等身体素养的全面提升（完成体育的任务）。从劳动教育具有的体育价值上说，许多人都强调的劳动教育要让学生"动动手，流流汗"有一定的合理性。当然，如果劳动只是"一种单纯消耗体力的过程"，则即便是劳动教育的体育价值也会大打折扣。劳动教育要通过劳动过程实现的体育目标，至少应当与体育本身的完整目标内在一致——那就是要促进儿童身体的均衡、健康发展，尤其是体力与脑力的均衡发展、身体素养与精神强健的统一。体育的目的，从来都不是只培养"四肢发达、头脑简单"的人。因此"动动手，流流汗"不仅要锻炼儿童的体格，也要磨炼其意志、强健其灵魂。若劳动实践不做这一教育目的上合理、有机的连接，则"动动手，流流汗"就真的只是那种儿童所普遍避之

---

① ［苏联］苏霍姆林斯基：《苏霍姆林斯基教育智慧格言》，肖甦主编译，246、245 页，北京，人民教育出版社，2014。

不及的"单纯消耗体力的过程"了。

让"劳动"成为"劳动教育",一个必须完成的重要任务就是要有意识地让受教育者在劳动活动中接受劳动之美的陶冶(完成美育的任务)。苏霍姆林斯基是最为自觉地意识到劳动教育审美和美育性质的教育家。在著名的《帕夫雷什中学》一书中,苏霍姆林斯基非常详细地表达过这一直觉:"学龄初期的儿童最容易理解劳动的审美目的和公益目的。孩子在劳动过程中及其物质成果的美感之中,在确立自己的道德尊严,在体验自豪感——在这种年龄,美感是最丰富的道德情感源泉之一。""小孩子们也在努力把那些不是审美目的而是实验性目的或者公益目的居于首要位置的工作做精细、做漂亮。我们利用孩子们对美的追求,使劳动在思想上和智力上变得更丰富。小孩子们所做的一切,都应当是美的。"[1]在以上论述中,苏霍姆林斯基实际上强调了两点:第一,应该引导儿童发现劳动过程及其成果所内含的劳动之美;第二,应当"用孩子们对美的追求,使劳动在思想上和智力上变得更丰富",也让儿童拥有接受劳动教育的更为真实、内在的学习动机。

---

① [苏联]苏霍姆林斯基:《帕夫雷什中学》,赵玮、王义高等译,368页,北京,教育科学出版社,1983。

总之，让"劳动"具有"教育性"，其实就是要让一般意义上的劳动实践与德、智、体、美诸素养的培育建立起自觉、自然、有机的关联。诚如黄济先生所言："劳动如果没有与之相伴随的教育，就不可能达到应有的教育作用，甚至可能会成为一种单纯消耗体力的过程。"①劳动教育一定要注意强化劳动过程中的教育性引导。而克服"有劳动无教育"的错误，需要很多理论与实践上的努力。劳动教育的内容与形式应该有历史的继承性，让学生"动动手，流流汗"也十分重要，但要让"劳动"真正具有"教育性"而变成"劳动教育"，我们首先要认识到的就是：绝对不能将劳动教育简单等同于让学生"动动手，流流汗"本身！

四、让"劳动"成为"劳动教育"命题的意义

　　如前所述，劳动教育虽然十分重要，但其合理的逻辑定位却应当是德、智、体、美基本素养培育到真正的(工人、农民、科技工作者等)"生产劳动"实践的"中介环节"。这一认识非常方便我们完成让"劳动"具有"教育性"，从而成其为"劳动教育"的任务。

----

　　①　黄济：《历史经验与教育改革》，404 页，北京，人民教育出版社，2004。

但是，如何让"劳动"具有"教育性"、"劳动"成为"劳动教育"，并非只是完成了一个具体教育认识上的自洽，让"劳动"成为"劳动教育"这一命题，还具有许多延伸的认识与实践价值。也可以说，从更广阔的视野看，对于劳动教育中介地位的准确定位有助于我们进一步厘清更多的对于劳动教育的认识误区，提升劳动教育实践的教育实效。从逻辑上推论，上述让"劳动"具有"教育性"、成为"劳动教育"的结论，至少还有助于我们正确认识和处理以下与劳动教育有关的重要课题。

第一，如何"全方位"开展劳动教育？

毋庸置疑，《中共中央 国务院关于全面加强新时代大中小学劳动教育的意见》(2020)明确规定"中小学劳动教育课每周不少于1课时"，不失为宣示劳动教育重要性、加强劳动教育的一个强制性举措。但问题是：若劳动教育真的很重要，则一个课时太少；若劳动教育实际上不被认为有那么重要，则一个课时就已太多。所以，劳动教育在教育价值上的重要性，并不能等同于劳动教育在教育形态(尤其是课程形态)上的绝对独立性。劳动教育不能像"切豆腐"那样成为一个"独立"于德育、智育、体育、美育的教育存在，而是要走相反的路径——通过所有学科(从语文数学外语，到理化生、政史地)弘扬劳动精神，通过德育、智育、体育、美育等所有教育活动去开展劳动教育。如此，劳动教育开展的实际时空也一定会在"每周不少于1课时"之外变得更加海阔天空起来。换言之，有专门课时，固然可以纠正一时风气之偏，但劳动教育若真的成为学校生活的一个无处不在的元素、与孩子的日常学习生活真正"息息相关"了，则我们就不太需要太过强调独立、专门的劳动教育课程设置。如此，劳动教育的实效性也会因为与教育生活的全面性关联而得以提升。事实上目前出台的所有的劳动教育政策也都认可要"全方位"开展劳动教育的思路，对于劳动教育中介地位的再强调，让劳动具有教育性等论述，只不过提醒、强化了某些目前还不太自觉的教育常识而已。开展劳动教育的正确路径选择与对劳动教育概念的正确理解密切相关。

第二，如何认识劳动教育与学生日常生活的关系？

在劳动教育实践过程中，常有老师抱怨"学生没有积极性""家长不配合"，人们却很少反思为什么"学生没有积极性""家长不配合"？除了一部分学生、家长的确有对于劳动教育重要价值的认识不够到位等原因，一个更根本的问题在于，学校开展的某些劳动教育的确与学生日常生活（尤其是学习生活）无关，因而被普遍认为是在正常的"教育"之外"浪费时间"。其实，"教育与劳动实践结合"的教育原则的精髓之一，也正在于学校教育与外部世界发生联系、让劳动教育与孩子的日常学习生活、社会生活建立有机的关联。若劳动教育本就是通过适当的劳动实践来实现本来就要实现的德、智、体、美等教育目的，若劳动教育本来就与语文、数学、外语等各科学习建立了有机关联——"儿童和青少年的手已掌握或正在掌握的技艺越高明，他就越聪明，他深入分析事实、现象、因果关系、客观规律的能力也表现得越突出"，学生、家长有谁还会反对劳动教育呢？此外，由于各科学习本身均具有接受某种"与生产劳动相结合"或者劳动教育的性质，"爱学习"与"爱劳动"也就获得了内在的统一。虽然学习不等于劳动，但爱学习的孩子在一定意义上已经是"爱劳动"（尤其是脑力劳动）的儿童。这一点，对于克服许多教育工作者关于学习与劳动关系认识上的割裂思维及其困惑有重要帮助。

第三，如何认识劳动教育与"反劳动教育"的关系？

在劳动教育的已有实践中，实际上已经有许多"反劳动教育"的错误认识与做法。以上让"劳动"成为"劳动教育"、让劳动具有教育性等论述还有助于我们与"反劳动教育"的错误思维与做法划清界限。比如，让劳动教育具有德育属性与功能，当然有助于儿童"热爱劳动""热爱劳动人民"（尤其是尊重普通劳动者）；但教育工作者应当同时清楚认知的是，"劳动人民"不等于"体力劳动者"。20世纪为了解放"脑力劳动者"就有"知识分子是工人阶级一部分"的政治辩护。今天若回过头来将"劳动"等同于"体力劳动"、"劳动者"等同于"体力劳动者",实质上就是对孩子"劳动""劳动人民"等概念的误导,当然是"反劳动教育"的。又比如,要让劳动教育不要"成为一种单纯消耗体力的过程",就一定要增强劳动教育与科学知识学习、智力发展的有效连接。这一点对于由高科技强力支撑的现当代社会及其发展来说尤为重要。劳动教育包含"动动手,流流汗"的成分无可厚非。但教育者须知:"动动手,流流汗"本身不是目的,健康的劳动教育应当让儿童努力探索世界、发现规律、矢志改变劳动过程可能存在的异化以及落后劳动形式对于劳动者身体、精神上的折磨、摧残。一些学校开展劳动教育时故意让学生回到20世纪五六十年代的艰苦劳动环境,美其名曰"锻炼"学生,殊不知这种"回到过去"的荒谬做法完全是一种反智思维,是懒惰的教育惯习在作祟。从劳动教育的体育价值角度而言,体力劳动、脑力劳动,甚至日常的学习生活都能"磨炼意志",我们并不需要在经过专业设计的体育之外专门通过增加更多人为的"磨难"去增强学生的体魄与意志。从劳动教育与美育辩证关系的角度看,有主体性的劳动是辛苦的,也是美好的(但异化劳动是其反面);劳动教育不仅自身应当具有美感,还要努力鼓励孩子通过"创造性劳动"而让现在的劳动学习与未来的劳动世界更文明、更美好。劳动教育不应故意制造苦难、走向过去，而是要立足智能化、高科技的当下，走向未来不断扬弃异化劳动、弘扬劳动主体性与创造性的美好劳动世界。

第四，如何认识高等教育、职业教育与劳动教育的关系？

全国教育大会以来，很多高校为了积极响应加强劳动教育的号召，都在编写劳动教育教材、创设劳动教育实践的机会（如让学生参与植树、打扫卫生之类的"劳动"）。举措不断，却很少有人思考高等教育、职业教育里面存在的劳动教育哲学问题，比如高等教育、职业教育范畴内如何让"劳动"成为"劳动教育"、让"劳动"具有"教育性"——实质上是如何认识高等教育、职业教育与劳动教育的关系问题。其结果是劳动教育实践中小学生"种庄稼"、中学生"种庄稼"，大学生还在"种庄稼"的奇特和荒诞景观。实际上，一方面，现代社会高等教育、职业教育本身就具有"教育与劳动实践相结合"的性质（也是"教育与劳动实践相结合"的产物），而且高等教育和职业教育是学校教育体系的终端，产出的就是"劳动者"（体力、脑力劳动者，复合型人才等）。不管人们是否意识到，美国的硅谷，中国的中关村、长三角、大湾区等，实际上都已经构成了"教育与劳动实践相结合"的高级形态。从这个意义上说，高等教育、职业教育开设的几乎所有专业课程，都是"劳动教育"课。所以，从小学到大学，学校都通过"种庄稼"、打扫卫生等简单途径开展劳动教育，实在是十分简单、粗糙、有违教育规律的荒谬实践。另外一方面，高等教育、职业教育也确乎存在开展合乎学段、教育类型实际的劳动教育的必要性。因为若专业课程的学习不与职业道德、社会责任感培养等建立有机的联系，就既影响学生们当下专业课学习动机的有效建立，也放弃了培育他们应有的对社会和未来负责精神的教育责任。此外，从课程设置上说，专业课程自有其自身的使命，很难完成有关劳动哲学、劳动价值观等方面系统、专门、深入的教育——而这些教育有可能是当代高等教育、职业教育所急需补强的一部分。高等教育、职业教育可以有三类劳动教育的课程形态：第一，劳动哲学专门课程，这一课程可以与已有的政治理论课、通识教育课程结合；第二，专业课程与劳动教育的有机联结，强化专业学习与社会生产生活的联系，以强调专业伦理、研究伦理，强调脑力劳动与社会责任的关联；第三，在以上两类课程的基础上，也可以有直接或者专门的劳动实践类课程，但应当与专业学习有直接、内在的联系。总之，高等教育、职业教育也要加强劳动过程的教育引导、让"劳动"成为"劳动教育"；而在高等教育、职业教育中要实现让"劳动"成为"劳动教育"的目标首先要做的是：认识这一阶段或者类型"劳动"实践的高等教育、职业教育意义上的

"教育性"。高等教育、职业教育应当在专业课程的社会责任强调、劳动价值观的强化上努力，而非脱离高等教育、职业教育的专业属性去简单重复中小学已经开展的劳动教育形式。

综上所述，让"劳动"成为"劳动教育"命题的提出，是一个最为典型的教育"原理"性思考的结果。而对劳动、劳动教育的概念之思，是让劳动成为一种教育，或者让"劳动"具有"教育性"命题确立的基础。与此同时，让"劳动"成为"劳动教育"命题也具有强烈的实践针对性，这一命题的提出，不仅对纠正"有劳动无教育"的实践偏颇，而且对全方位开展劳动教育、正确认识和有效建立劳动教育与学生日常生活的关系、防止"反劳动教育"错误思维、依据学段与类型实际开展符合教育规律的劳动教育等，都具有十分重要的现实意义。

2021 年 9 月 26 日， 11 月 3 日、 4 日

于京师园三乐居

论高校应有的劳动哲学教育①

    2020 年，《中共中央 国务院关于全面加强新时代大中小学劳动教育的意见》明确要求，要"根据教育目标，针对不同学段、类型学生特点……开展劳动教育。"《大中小学劳动教育指导纲要（试行）》强调，职业院校应当"重点结合专业特点，增强职业荣誉感和责任感，提高职业劳动技能水平，培育积极向上的劳动精神和认真负责的劳动态度。"普通高等学校则应该"强化马克思主义劳动观教育，注重围绕创新创业，结合学科专业开展生产劳动和服务性劳动，积累职业经验，培育创造性劳动能力和诚实守信的合法劳动意识。"但由于种种原因，不太区分学段，或不充分考虑学段实际，简

---

    ①   本文已经以《深度与复杂性的引入——高等学校应有的劳动哲学教育》为题发表于《教育研究》2023 年第 1 期。发表时有改动。

单开展同一种形态（即所谓"动动手、流流汗"的教育）的劳动教育，仍然是当前劳动教育实践普遍存在的一种教育现象——比如当前劳动教育存在的一个较为普遍的景观是：小学"种树"，中学"种树"，大学还在"种树"。据媒体报道，有高校"在校园里，挖坑、培土、浇水、种树。……学生格外关注'树宝宝'，定期给树'看病'，争取成为合格的'种树人'。"①另有高校则"在学生毕业之际……以采摘成熟果实的形式开展劳动教育。"②凡此种种，不胜枚举。这一方面固然是高校劳动教育实践的懒汉思维使然（只要是搞劳动教育，就只能是"学工学农""上山下乡"），另一方面当然也是相关劳动教育理论基础尚未认真夯实的结果（许多应该有的理论储备不够，因而课程开发的先期积累先天不足）。

毫无疑问，高校劳动教育要能真正发挥立德树人、促进大学生全面发展的实际效能，首先要做到的，一定是认真贯彻因材施教的原则、关注大学生学习的实际需要和阶段性特征。而基于大学生学习的实际需要和阶段特征，高校劳动教育最主要的努力方向，除了

---

① 甘甜、王艳丽：《江西财经大学："大美劳动"让学生焕发青春之光》，中国教育新闻网，2022 年 5 月 27 日。

② 凤凰网：《长安大学：在枇杷树下讲好毕业生最后一堂劳动教育课》，凤凰网陕西，2022 年 6 月 7 日。

努力利用各门专业课的优势资源开展"学科劳育"，即将学生的专业学习与劳动世界建立自觉和自然的联系、激发学生"专业（劳动）报国"的内在学习动机和社会责任感，最重要的教育途径之一就应当是建设、提供对大学生有一定智识挑战或智识吸引力的"劳动哲学"方面的专门劳动教育课程①。

鉴于将"劳动哲学"作为大学劳动教育的专门课程尚处倡导和建构的初始阶段，本文旨在抛砖引玉，特别提请高校劳动教育研究者认真关注以下两个关于劳动哲学课程建构的重要命题，同时也提请高校劳动教育实践者特别注意开展以下两个方面的劳动哲学教育。

一、努力提高马克思主义劳动价值观
教育的自觉与深度

中国教育，是中国特色社会主义性质的教育。包括高等教育在内的所有学段，开展劳动教育的共同与核心的教育目标，都是促进学生马克思主义劳动价值观的确立。不过在高等教育阶段，由于从小学、

---

① 参见檀传宝：《如何让"劳动"成为一种"教育"？——对劳动与劳动教育的概念之思》，载《华东师范大学学报（教育科学版）》，2022（6）。

中学开始的对马克思主义常识的初步积累到大学阶段对马克思主义基本原理的相对系统的学习，大学生们对马克思主义劳动价值观的许多观点都已不再陌生。因此大学在建设劳动哲学方面的劳动教育课程时，一是要自觉建立政治理论课与劳动教育自然、有机的衔接，二是要努力聚焦马克思主义劳动价值观的确立，提高马克思主义劳动价值观教育的自觉与深度——亦即提高对这一劳动价值观解释的自觉与认识的深度。若将两个任务相比较，显然后者更为迫切也更为根本。

归纳起来，马克思主义劳动价值观的有关论述主要存在于经济学、哲学、教育学三门学科之中①。但在这三门学科中，马克思主义经典作家的有关论述都有极其深刻的哲学意味。故本文所谓提高马克思主义劳动价值观教育的自觉与深度、提高对马克思主义劳动价值观解释的自觉与认识的深度，其实就是要求在三门学科的教学中都能将这一深刻的哲学意味予以最充分的揭示与阐释。

（一）劳动创造价值、按劳分配，是一种追求社会正义的价值论和政治哲学真理

在经济学领域，马克思主义关于劳动价值观的最重要命题有两

---

① 参见胡君进、檀传宝：《马克思主义的劳动价值观与劳动教育观——经典文献的研析》，载《教育研究》，2018(5)。

个：一个是"劳动创造价值"；另一个就是"按劳分配"。

马克思认为"商品具有价值，因为它是社会劳动的结晶。商品的价值的大小或它的相对价值，取决于它所含的社会实体量的大小，也就是说，取决于生产它所必需的相对劳动量。所以各个商品的相对价值，是由耗费于、体现于、凝固于该商品中的相应的劳动数量或劳动量决定的。"①马克思还认为，由于劳动剥削在资本主义社会中普遍存在并起支配作用，劳动已逐渐成为资本增殖的工具，自由劳动在资本主义生产过程中也逐渐演变为异化劳动，劳动成为对劳动者的压迫性力量。所以，在以生产资料公有制为基础的集体社会中，"不管他所创造的或协助创造的产品的特殊物质形式如何，他用自己的劳动所购买的不是一定的特殊产品，而是共同生产中的一定份额。"②这就是人们后来通俗表述的"按劳分配"。当然，马克思在《哥达纲领批判》里曾经一再强调，按劳分配原则实际上仍然体现了一定的资产阶级权利。只不过在共产主义到来之前，人们只能按照某一客观尺度进行分配，这种分配原则只能是一定程度的合理性。

---

① 《马克思恩格斯选集》第二卷，38~39页，北京，人民出版社，2012。
② 《马克思恩格斯全集》第四十六卷（上册），119页，北京，人民出版社，1979。

劳动创造价值、按劳分配，无疑是马克思主义政治经济学的重要命题。但这两个命题同时也具有强烈和重要的价值论和政治哲学的意味。正是因为一切商品的价值都是由体力劳动、脑力劳动所创造，或者都是人类的"抽象劳动"的凝结，所以我们才说：劳动创造价值、劳动创造世界。也因为如此，对劳动者的剥削以及劳动的异化不仅不人道，而且不公正。在社会主义社会，劳动成果分配的主要原则，也就应当是多劳多得、少劳少得、不劳动者不得食——即"按劳分配"。因此，主张劳动创造价值、按劳分配，本质上是针对制造劳动异化、让劳动者受剥削悲剧的制度现实展开的社会批判。而马克思的这一社会批判所追求的，也无疑是一种社会正义。故从价值观的角度看，今天我们之所以要开展劳动教育，核心目标也是要确立劳动光荣的价值观、拒绝好逸恶劳的旧道德。从这个意义上说，劳动创造价值、按劳分配等，就不再仅仅是一种经济学知识，而是一种追求社会正义的价值论和政治哲学的真理。大学劳动教育只有解释、揭示了这一真理，才能有效实现劳动价值观确立的核心目标。

（二）劳动创造历史、劳动创造人本身，是对现实和未来最具解释力的实践性命题

在哲学领域，马克思主义关于劳动价值观的论述主要是两个历史唯物主义的主张——"劳动创造历史""劳动创造人本身"。

在马克思看来，只有人类的生产劳动才真正构成了人类历史的基础，才是解开人类历史发展秘密的钥匙："人们为了能够'创造历史'，必须能够生活。但是为了生活，首先就需要吃喝住穿以及其他一些东西。因此第一个历史活动就是生产满足这些需要的资料，即生产物质生活本身，而且，这是人们从几千年前直到今天单是为了维持生活就必须每日每时从事的历史活动，是一切历史的基本条件。"①不仅劳动构成了"历史的基本条件"，历史是劳动创造的，而且人本身也可谓劳动的产物。"劳动是整个人类生活的第一个基本条件，而且达到这样的程度，以致我们在某种意义上不得不说：劳动创造了人本身。"②恩格斯更在《自然辩证法》一书中依据当时的科学研究成果，从人类起源角度具体论证了劳动在从猿到人的转变过程中起着决定性意义——即劳动不仅在人类的起源意义上创造了人本身，而且也在人类的进化意义上创造了人本身③。

---

① 《马克思恩格斯选集》第一卷，158 页，北京，人民出版社，2012。
② 《马克思恩格斯选集》第三卷，988 页，北京，人民出版社，2012。
③ 常卫国：《劳动论:〈马克思恩格斯全集〉探义》，338 页，沈阳，辽宁人民出版社，2005。

在已有的马克思主义哲学原理等高校课程中，不乏对劳动创造历史、劳动创造人本身等历史唯物主义主张的理论阐释。但从高校劳动教育的视角来说，重要的不是哲学命题本身的理论诠释，而是要致力于将这些哲学理论转化为对历史发展、社会生活的具体分析与深度解释。换言之，劳动创造历史、劳动创造人本身，并不仅仅是解释人类过往历史的理论主张，更是对人类生活现实和未来最具解释力的实践性命题。真正的历史唯物主义教育，也只有引导学生看到生产劳动、服务性劳动构成了支撑全部人类日常生活的基础，特别是看到今天高科技(脑力劳动)越来越有力地形塑了现实社会生活和人类的未来的现实历史进程，"劳动最光荣、劳动最崇高、劳动最伟大、劳动最美丽"等道理才能够因其生动、鲜活的生命力而为大学生真正内化。大学生当下学好专业、未来积极投身创造历史的劳动实践的历史使命感、社会责任感也才能因此而得到真正的强化。

(三)人的全面发展、教育与生产劳动相结合，是造就新人的价值论和教育哲学主张

在教育学领域，马克思主义关于劳动价值观的重要论述，主要集中在"人的全面发展""教育与生产劳动相结合"两个方面。

马克思、恩格斯所说的人的全面发展，首先是指人的"生产劳动才能"得到充分的发展①以及"体力和脑力的结合"。而以"自由个性"彻底实现为本质特征的全面发展高级形态的真正实现，则要到共产主义社会——"在共产主义社会里，任何人都没有特定的活动范围，每个人都可以在任何部门内发展，社会调节着整个生产，因而使我有可能随我自己的心愿今天干这事，明天干那事，上午打猎，下午捕鱼，傍晚从事畜牧，晚饭后从事批判，但并不因此就使我成为一个猎人、渔夫、牧人或批判者。"②在马克思的时代，全面发展所直接针对的，首先当然是资本主义社会工人阶级及其子女"片面发展"的现状。马克思指出："分工使他变成片面的人，使他畸形发展，使他受到限制。"故"当一切专门发展一旦停止，个人对普遍性的要求以及全面发展的趋势就开始显露出来。"③所以"教育要使儿童和少年了解生产各个过程的基本原理，同时使他们获得运用各种生产的最简单的工具的技能。"④"从工厂制度中萌发出了未

① 靳希斌：《马克思恩格斯教育原理简述》，109 页，北京，北京师范大学出版社，1992。
② 马克思、恩格斯：《德意志意识形态》，见《马克思恩格斯全集》第三卷，37 页，北京，人民出版社，1960。
③ 华东师范大学教育系：《马克思恩格斯论教育》，83 ~ 84、93 页，北京，人民教育出版社，1996。
④ 高放等：《马克思恩格斯要论精选（增订本）》，426 页，北京，中央编译出版社，2016。

来教育的幼芽，未来教育对所有已满一定年龄的儿童来说，就是生产劳动同智育和体育相结合，它不仅是提高社会生产的一种方法，而且是造就全面发展的人的唯一方法。"①从这个意义上说，人的全面发展的理想、教育与生产劳动相结合的原则可以视为同一个教育论述的两个方面，后者可谓前者的实践路径。

如前所述，劳动创造价值、按劳分配既是马克思主义政治经济学的重要命题，又同时是重要的价值论和政治哲学命题。与此类似，人的全面发展的教育理想、教育与生产劳动相结合的教育原则，一方面是马克思主义教育思想体系奠基性的重要论述，另一方面也具有强烈和重要的造就新人（全面发展的人）的价值论和教育哲学的性质。说它们具有强烈的价值论色彩，是因为两个命题再一次彰显、强化了劳动对人类发展的奠基性意义：教育与生产劳动相结合是"造就全面发展的人的唯一方法"——没有与劳动的结合，教育就不能真正促进人的全面、和谐发展。说它们具有强烈的教育哲学性质，是因为两个命题提供了一种全新的教育目的与实践原则。"上午打猎，下午捕鱼，傍晚从事畜牧，晚饭后从事批判"，这样就

----

① 马克思：《资本论》，见《马克思恩格斯全集》第二十三卷，530 页，北京，人民出版社，1972。

不会使我只是"一个猎人、渔夫、牧人或批判者"所表达的，其实是一种理想的教育的目的——教育使得人可以随着自己的兴趣"今天干这事，明天干那事"之"自由个性"实现的伟大理想——诚如教育家苏霍姆林斯基所言："所谓全面发展……在于使每个人在精通自己所从事的专业的同时，还有兴趣和能力进入任何其他的认识领域。"①而人的全面发展理想实现的实践路径，则如前所述，是教育与生产劳动的结合。改革开放以来，中国社会已经获得了突飞猛进式的整体进步，但是中国教育在实现自由个性意义上的全面发展方面所取得的进步却十分有限。全面发展教育目标的高水平实现，固然一方面依赖于生产劳动的进步、物质基础水平的不断提升，但另一方面也有赖于教育实践对促进个性自由发展的高度自觉。后者无疑也包括高校在开展劳动教育时，对大学生参与劳动教育的个性实际、专业实际、心理需求所应有的充分尊重——而这又意味着对目前广泛存在的"一刀切""大呼隆""千人（校）一面"的形式主义劳动教育实践病态的坚决否定。

综上所述，高校利用已有马克思主义政治经济学、历史唯物主

---

① ［苏联］苏霍姆林斯基：《苏霍姆林斯基选集》第一卷，88 页，北京，教育科学出版社，2001。

义和教育学思想资源开展劳动教育是一个可行之策。但是思想资源本身未必天然就具有劳动教育的性质。只有对分散在经济学、哲学、教育学中劳动价值论要素做充分的发掘并与劳动价值观教育目标做针对性、自觉性的连接，前述聚焦马克思主义劳动价值观的确立、提高对这一劳动价值观解释与认识的深度的教育设想才可能变成教育实践的现实。

二、自觉引入对现实劳动世界复杂性课题的讨论

高校劳动教育开展必须面对的实际之一是，相较于小学生、中学生，大学生更关注真实、复杂的劳动世界。这一方面是因为高等教育是教育系统的最终端，本科、硕士或者博士毕业后，学生就要进入职场——劳动实践的现场，他们都非常关注就业以及与就业直接相关的真实、复杂的劳动世界；另一方面是因为高等教育是教育系统的最高端，大学生具有比小学生、中学生更丰富的知识储备，更高的认识水平和认识能力，其学习内容的专业深度也前所未有，若教育内容安排上没有引入对真实劳动世界复杂性的讨论，则大学阶段的劳动教育就无法在智识上对大学生产生真正的吸引力，即无法激发其对劳动教育的内在学习动机。而学习心理学告诉我们：没

有内在学习动机、内在热情，则在任何领域不可能有真正高效的学习发生。所以，为了切实提高劳动教育的实效性，高等学校在开展劳动教育时，一定要在劳动哲学专门课程的教学中自觉引入对当代劳动世界复杂性课题的深入讨论，并与本文第一部分倡导的提高马克思主义劳动价值观教育的自觉与深度这一命题建立相互支撑的关系。

劳动世界的复杂性课题，涉及方方面面，无疑是一个有待系统、深入研究的领域。基于对目前与劳动世界关联密切的中国社会现实的观察，对劳动教育复杂性课题讨论的引入至少可以也应当包括关于异化劳动现实与自由劳动、不同价值劳动与劳动光荣、传统劳动分工与性别伦理三个方面的深入讨论。

（一）对异化劳动现实与自由劳动的讨论

众所周知，与自由劳动相对应，异化劳动，是劳动异化的结果，也是马克思关于劳动、劳动价值研究的一个重要的、杰出的思想成果。一般认为，马克思在《1844 年经济学哲学手稿》中曾对劳动的异化作了四个方面的精彩论述①。

马克思指出，"人的类特性恰恰就是自由的自觉的活动。""有

---

① 参见扈中平：《马克思的劳动异化论对当下劳动教育的启示》，载《教育研究》，2020(12)。

意识的生命活动把人同动物的生命活动直接区别开来。正是由于这一点，人才是类存在物"。① 马克思充分肯定了劳动对于人的"自由的自觉的活动"这一"类本质"的建构意义。反过来，"一个人'在通常的健康、体力、精神、技能、技巧的状况下'，也有从事一份正常的劳动和停止安逸的需求"。② 所以只要是自由劳动，就没有人会厌恶或者故意逃避，而在马克思设想的未来社会(共产主义社会)中，劳动则将成为"生活的第一需要"③。

另外，马克思也同时指出由于资本主义制度的存在，本应具有"自由自觉"性质的自由劳动却慢慢演变成了与劳动者为敌的异化劳动。首先是劳动的对象、产品异化为对劳动主体的压迫性力量："工人生产的对象越多，他能够占有的对象就越少，而且越受他的产品即资本的统治。""物的世界的增值同人的世界的贬值成正比。""工人同自己的劳动产品的关系就是同一个异己的对象的关系。"④ 劳动过程也成为一种对于劳动者异己、压迫的过程："异化不仅表现在结果上，而且表现在生产行为中，表现在生产活动本身中"。

---

① 《马克思恩格斯全集》第四十二卷，96页，北京，人民出版社，1979。
② 《马克思恩格斯全集》第四十六卷下，112页，北京，人民出版社，1980。
③ 《马克思恩格斯全集》第二十五卷，20页，北京，人民出版社，2001。
④ 《马克思恩格斯全集》第四十二卷，91、90、91页，北京，人民出版社，1979。

劳动者在劳动过程中"不是自由地发挥自己的体力和智力，而是使自己的肉体受折磨、精神遭摧残。""他在自己的劳动中不是肯定自己，而是否定自己，不是感到幸福，而是感到不幸"。"结果，人（工人）只有在运用自己的动物机能——吃、喝、性行为，至多还有居住、修饰等的时候，才觉得自己是自由活动，而在运用人的机能时，却觉得自己不过是动物。动物的东西成为人的东西，而人的东西成为动物的东西"。① 进而，劳动过程中人与人之间的关系也因为劳动本身的异化而异化，"人同自己的劳动产品、自己的生命活动、自己的类本质相异化这一事实所造成的直接结果就是人同人相异化。当人同自身相对立的时候，他也同他人相对立。"异化了的劳动不仅生产出劳动者与劳动产品、劳动过程的异己关系，"而且生产出其他人同他的生产和他的产品的关系，以及他同这些人的关系"，生产出了一个"跟劳动格格不入的、站在劳动之外的人同这个劳动的关系。"②

异化劳动或者劳动异化的本质，其实就是劳动实践本该有的人类"自由自觉"的"类本质"的丧失。"人的类本质——无论是自

---

① 《马克思恩格斯全集》第四十二卷，93、94页，北京，人民出版社，1979。
② 同上书，97~98、99~100、100页。

然界，还是人的精神的、类的能力——变成人的异己的本质，变成维持他的个人生存的手段。异化劳动使人自己的身体，以及在他之外的自然界，他的精神本质，他的人的本质同人相异化。"①也正是由于"劳动本身不表现为目的本身"而仅仅表现为维持劳动者肉体生存的手段，劳动才成为对劳动主体的压迫性力量。所以"只要肉体的强制或其他强制一停止，人们就会象（像）逃避鼠疫那样逃避劳动。"②换言之，只要劳动的主体自由本性一旦回归，劳动的异化也就会自动被历史扬弃。而历史发展与教育进步的使命，都在于直面异化劳动存在的现实，并努力让异化劳动回归自由劳动。

在劳动教育实践中引入对异化劳动、自由劳动的讨论十分必要，在高等教育阶段则尤其重要。这首先是因为中国社会主义仍然处于并将长期处于社会主义初级阶段，社会生活中仍然存在异化劳动的现象，且这些异化劳动现象就现实地存在于大学生即将投身的职场。他们需要有充分的心理准备，需要有所认知，更需要有理性的应对之策的学习（比如对劳动者合法权益及其保护领域的法规的

---

① 《马克思恩格斯全集》第四十二卷，97 页，北京，人民出版社，1979。
② 同上书，94 页。

学习并形成相应的社会实践能力等）。反之，若高等学校在开展劳动教育时，完全无视劳动世界的现实复杂性，则不仅难以以理服人，而且会反噬"劳动最光荣、劳动最崇高、劳动最伟大、劳动最美丽"等正面价值观教育的实效。

有学者认为马克思的劳动异化理论对当下劳动教育的启示是，"必须重视'劳动'本身的改变，尽可能使学生的劳动具有主体性、多样性、社会性、科学性和对象性，促使他们在劳动中自由自觉地发挥自己的体力和智力，获得应有的发展，否则学生就可能会躲避和敷衍劳动。"①这一点，对于高等教育来说意义尤为重大。高等教育是科学知识前沿的专业教育，专业教育就是劳动的准备，从这个意义上说专业教育本身就是劳动教育。高校劳动教育中的"劳动"和"劳动教育"设计里都应该有更多的专业性、创造性、自主性等彰显劳动与学习主体自由的元素。高等教育阶段的劳动教育应当让大学生在接受劳动教育时获得更多满足其个性需求的自由劳动的体验。若让大学生脱离专业学习实际，和中小学生一样完成简单的"学工、学农"式的劳动功课，则划一、呆板、毫无学段特质的劳动教育不

---

① 扈中平：《马克思的劳动异化论对当下劳动教育的启示》，载《教育研究》，2020（12）。

仅会被视为浪费时间的课业负担，更无法激发大学生对于大学劳动教育的内在热情。

（二）对不同价值劳动与劳动光荣的讨论

人类社会的历史也是劳动形态不断演进的过程。不同形态、不同岗位的劳动，自然会有价值、价格上的差异。对于劳动教育的开展来说，问题的重点不在不同劳动形态价值差别这一客观事实的认识上，而在如何公正看待不同价值的劳动形态的价值观的形成上。一个典型的认识问题，就是如何正确认识、对待体力劳动和脑力劳动、体力劳动者和脑力劳动者的价值与贡献。

如前所述，马克思曾明确指出"商品的价值的大小或它的相对价值，取决于它所含的社会实体量的大小，也就是说，取决于生产它所必需的相对劳动量。所以各个商品的相对价值，是由耗费于、体现于、凝固于该商品中的相应的劳动数量或劳动量决定的。"马克思还进一步指出，"比较复杂的劳动只是自乘的或不如说多倍的简单劳动，因此，少量的复杂劳动等于多量的简单劳动。"[1]也就是说：决定商品价值量的社会必要劳动时间是以简单劳动为统一尺度的，但少量复杂劳动创造的价值可能是"自乘的或不如说多倍的"简

---

① 《马克思恩格斯全集》第二十三卷，58页，北京，人民出版社，1972。

单劳动所创造的价值。换言之，商品中所含复杂劳动——脑力劳动的含量越高，商品的价值也越高。加上市场和价格的其他因素，商品中所含科学技术、脑力劳动的价值还常常会被进一步放大。这就造就了社会学家英格尔斯指出的，现代人的一个重要特征——"重视专门技术，有愿意根据技术水平高低来领取不同报酬的心理基础。"①当英格尔斯问他的研究对象是否应该鼓励孩子对于机器的兴趣以及是否应当依据技术含量、产出多少而非个人愿望、兴趣来分配劳动成果时，"现代人很明显地会选择鼓励孩子在机器方面的兴趣，应当以技术高低和产量的多少来作分配报酬的根据等答案。他自然也觉得，只有这样做，才是公正的。"②因此，对"劳动创造价值"和"劳动光荣"等命题的认识，一定要与我们正确认识、对待简单劳动、复杂劳动或者体力劳动与脑力劳动的贡献、价值做符合现实的理性联结。

如上所述，劳动创造价值，但不同劳动、不同劳动岗位、不同劳动者创造的价值也肯定不同。因此如何在承认差异的前提下平等地看待不同劳动的价值、不同岗位的劳动者，就自然成为一个需要

---

① ［美］英格尔斯等：《人的现代化》，殷陆君译，29 页，成都，四川人民出版社，1985。

② 同上书，30 页。

认真讨论的哲学命题。

　　大学劳动教育在处理体力劳动和脑力劳动关系时决不能做简单化处理。劳动哲学课程的教学，一方面应当让大学生意识到社会再发展，都仍然需要大量的简单劳动或体力劳动。虽然随着科学技术的不断进步，一些简单的体力劳动正在逐步被机器人等智能化方式所替代，但是一些个性化、灵活性、需要人际关怀的劳动形态仍然有不可替代的珍贵价值。这一点我们可以从社会越发达，定制化的产品和服务越来越受欢迎，第三产业在国内生产总值中的占比也越来越高的社会发展趋势中不难窥见一二。当然，与经济学意义上的"价值"相比较，尊重不同岗位的劳动者还有更重要的伦理学意义上的"价值"性质的理由：人人生而平等，所有劳动者都有同等的人格尊严，而尊重不同岗位的劳动者及其贡献，不仅具有社会主义价值观的性质，更是现代世界文明的重要特征。从这个意义上说，高校劳动教育应当与人权教育、民主法治教育或社会主义公民教育的开展自觉建立自觉、内在、有机的联系。另一方面，劳动哲学课程的教学，还应当让大学生意识到脑力劳动、科学技术在人类社会发展中越来越重要甚至是决定性的作用。与此同时，由于大学生是具有最活跃思维能力的青年人，他们未来多数人的工作也会以脑力劳动为主，大学教育本身也负有培养专业性、创造性的教育使命，故大学劳动教育应该更多聚焦"创造性劳动"，让大学生在接受劳动教育与其专业学习经验之间建立自觉和有机的联系。相反，若不能在劳动教育的专业性、多样性、复杂性、社会性的教育设计上多动脑筋，大学劳动教育就一定会逐渐变成一门让大学生们敬而远之的简单、枯燥、无意义的学业荒废或机械、规训的行为训练，一定难以取得应有的教育实效。

劳动形态及其价值的不同，当然不仅仅表现为体力劳动与脑力劳动的差异。依据不同的标准，劳动形态可以有不同的分类。比如，第一产业、第二产业、第三产业的劳动。又比如，单一劳动、复合型劳动，职业劳动与家务劳动，如此等等。本文对体力劳动、脑力劳动的形态及其劳动价值差异的讨论，可以视作一个以体力劳动和脑力劳动差异为典型案例的理论分析。但对这一案例的理论分析已足够证明，引入对因劳动形态不同而产生的劳动世界复杂性问题的讨论对于高校劳动教育的必要性、紧迫性和可行性。

(三) 对传统劳动分工与性别伦理的讨论

劳动形态不同所导致的劳动世界的复杂性，也可以视作社会分工导致、增加了劳动价值判断的伦理风险。而这一伦理风险在劳动的性别分工上表现得最为持久、复杂且意义重大。不过造成性别伦理问题的首先不是现代大生产所导致的劳动分工，而是有关性别与劳动的历史传统或者社会文化分工。

内尔·诺丁斯、劳丽·布鲁克斯曾经在《争议性话题的教学》一书中针对美国社会的"性别与公共生活"这一话题发表过这样一段评论："在过去几十年里，女性在公共生活中已经取得了长足的进步。虽然女性工资仍然低于从事类似工作的男性，但是许多女性现在都已经在职业生活中获得了成功。然而，严峻的问题仍然存在：我们是否错误地依据女性在由男性定义的公共生活中做得有多好来判断性别之间的平等？我们是否应该将传统的社会关切和女性的道德取向融合起来重新定义这个世界？为性别上的少数群体发声的人群日益增多，满足他们的需求和愿望是否有助于我们为这一少数人群建构起最佳的生活环境？"[①]诺丁斯和她的女儿布鲁克斯的这段评论，特别是她们所提出的"严峻的问题"，也适合作为劳动世界复杂性之性别视角的讨论。

首先，当代社会，劳动哲学课程的确要提请大学生们警惕"错误地依据女性在由男性定义的公共生活中做得有多好来判断性别之间的平等"的问题。依据传统社会心理，不仅男生要有"男孩

[①] Nel Noddings & Laurie Brooks, *Teaching Controversial Issues: The Case for Critical Thinking and Moral Commitment in the Classroom*, New York, Teachers College Press, Columbia University, 2017, p. 63.

样"、女生要有"女孩样"，而且某些学科(专业)、工作岗位也更适合男生或者女生选择。"公共教育的目的曾经被界定为为公共生活做准备，因此它主要针对男孩。女孩过去得到的教育，只满足了扫盲的基本要求。当他们受到的教育扩展到大学阶段时，女生过去所接受的教育就集中在家务管理、食品处理，托儿和社区服务等领域了；这与为男孩子们提供的博雅课程已截然不同。"①倘若某些女生选择某些看起来"更适合男性"的专业和工作岗位，对这一劳动的社会评价实际上也不会考虑女性比男性更多的付出(如妊娠、哺育，以及传统中国社会女性可能承担更多的家务劳动等)，而只会一刀切地要求对女性和男性"一视同仁"。如果说男女之间的性别差异本来就不只是纯粹的自然差异，更带有某种历史传统、社会文化建构的性质，那么正视迄今为止在劳动的性别分工方面广泛存在的认识上的偏见和现实上的不平等，并努力追求在专业学习及劳动岗位选择上的性别自由、在劳动报酬实质上的性别平等等，就不仅仅是一个社会制度改造的重要任务，还应是一个通过教育改造去努力实现的社会文化心理改造

---

① Nel Noddings & Laurie Brooks, *Teaching Controversial Issues*: *The Case for Critical Thinking and Moral Commitment in the Classroom*, New York, Teachers College Press, Columbia University, 2017, p. 67.

的时代课题。

其次,"应该将传统的社会关切和女性的道德取向融合起来重新定义这个世界",也十分重要。诺丁斯一方面是一个坚定捍卫女性权利的伦理学家、教育哲学家,但另外一方面她又将女性主义视角看作全人类(包括所有男性和女性在内)本该有的整体思维方式的一部分。"我无意将男性与女性分裂为两个阵营。我更主要的是呈现在我们每个个体身上都体现着的男性和女性之间的巨大分歧,并建议我们应该在双方之间建立真实的、辩证的、本质的对话,以实现男性和女性在道德事务上的终极超越。"①所以,诺丁斯宣称"我是一个女权主义者。但是我同时愿意为家人准备最好的晚餐,将家布置得温馨、漂亮,我也是一个'小女人'。"②这一对于性别二元对立思维模式的超越不仅是认识论、方法论的更新,而且意味着具体教育内容的变革:"每个人都意识到家庭生活和养育子女对于增进健康、幸福和培养有道德的成年人而言有多么重要。那么为什么现在我们学校几乎都不教授这些话题呢?我们应当鼓励学生思考和讨

---

① Nel Noddings, *Caring*: *A feminine Approach to Ethics & Moral Education*, Berkeley, University of California Press, 1984, p. 6.

② 檀传宝:《子诺子言——诺丁斯教授北京行纪》,载《人民教育》,2012(2)。

论这些重要的问题。"①就像当劳动成为一种自由选择时没有谁会厌恶劳动一样,当人们超越劳动问题上的性别刻板印象和社会偏见之后,一种基于性别平等的家庭与社会劳动的合理分工就会"解放全人类"。故"应该将传统的社会关切和女性的道德取向融合起来重新定义这个世界",不仅是公共生活改造的一种妥当的实践路径,更是一个辩证的教育建议。事实上,在某些先进的教育体系中"男孩女孩都学一样的纺织课和技工课"②等教育安排已经成为现实,值得引入大学劳动教育的课堂予以讨论。

最后,也是挑战性最大的,无疑是对劳动世界与性别的少数群体关系的讨论。性别伦理并不仅仅涉及女性权利、男女平等等议题。"为性别上的少数群体发声的人群日益增多,满足他们的需求和愿望是否有助于我们为这一少数人群建构起最佳的生活环境?"这样的发问,不仅是美国社会的问题,可能也越来越成为困扰全世界的一个复杂性伦理与社会课题。一方面,世界各国对于性少数群体的宽容程度已呈愈来愈高的趋势,但另一方面,作为

---

① Nel Noddings & Laurie Brooks, *Teaching Controversial Issues*:*The Case for Critical Thinking and Moral Commitment in the Classroom*, New York, Teachers College Press, Columbia University, 2017, p 67.

② 《各国的家政教育是如何让孩子享受其中的》,载《北京青年报》,2022-06-04。

东方社会的一员的中国社会对于性少数群体的认知与态度都仍然带有十分复杂的情绪。鉴于性少数群体的存在是一个可见的现实，又鉴于对这一群体的尊重或平等对待也是当代价值观教育的一大实践伦理课题，在高等教育阶段，我们显然已不能因为课题的"复杂"性而悬搁对于当代劳动世界如何妥当处理劳动场域中与性别少数群体有关的性别差异、性别平等问题的严肃讨论。

总之，在高等教育阶段，劳动哲学课程引入性别伦理视角十分重要。当然，性别的社会分工只是全部劳动分工的一个类型。只是由于它与性别平等等社会历史观念叠加在一起，劳动的性别分工及其看待的问题才成为一个需要讨论的价值观念问题。就像马克思认为的那样，既然分工是劳动异化的重要原因，所以"只要分工还不是出于自愿，而是自然形成的，那么人本身的活动对人来说就成为一种异己的、同他对立的力量，这种力量压迫着人，而不是人驾驭着这种力量"①，而只要社会条件正常，人们都会"有从事一份正常的劳动和停止安逸的需求"。按照这一逻辑，一旦女性和男性一样，劳动的选择都是"出于自愿"而非出于性别的刻板印象、社会偏见"自然形成"劳动分工，所有构成对女性或男

———————————

① 《马克思恩格斯选集》第一卷，85 页，北京，人民出版社，1995。

性"异己""对立""压迫"力量的劳动，也就可能转变为性别意义上真正"自由"的劳动。

此外，当代社会，劳动形态、劳动关系、劳动价值已经和正在发生日新月异的变化，劳动教育不能无视这些已经发生的变化、正在形成的变化趋势。上述关于异化劳动现实与自由劳动、不同价值劳动与劳动光荣、传统劳动分工与性别伦理的讨论，可以视为对高校劳动哲学课程"自觉引入对现实劳动世界复杂性课题的讨论"这一建议的一种列举性的说明。

综上所述，高等教育是教育系统的最终端和最高端。高校基于学段特征开发"劳动哲学"课程的任务，迫切、重要且可行。高校开展劳动教育必须把握许多为这一学段所独有的学生发展、专业学习的特殊性，直面与学生们专业学习离得最近的劳动世界之复杂性课题的现实挑战。本文所集中阐发的两大建言，无论是努力提高马克思主义劳动价值观教育的自觉与深度，还是自觉引入对当代劳动世界复杂性课题的讨论，都是对当前我国高校劳动哲学教育应有重点的应激性思考。而无论是作为一门大学课程，还是一种学术研究，在劳动哲学领域，都还有许多本文尚未涉及又特别需要进一步探讨的严肃课题。由衷希望有更多劳动及劳动教育领域的研究者能够充分关注、认真投入对这些课题的理论探索，合力推进高校劳动教育针对性和实效性的提升。

2022 年 6 月 10 日、 11 日第一稿，

12 日第二稿， 11 月 4 日定稿，

于京师园三乐居

知识卡片——

高校劳动教育要能真正发挥立德树人、促进大学生全面发展的实际效能，首先要做到的，一定是认真贯彻因材施教的原则，关注大学生学习的实际需要和阶段性特征。基于大学生学习的实际需要和阶段特征，高校劳动教育最主要的努力方向，除了努力利用各门专业课的优势资源开展"学科劳育"，即将学生的专业学习与劳动世界建立自觉和自然的联系、激发学生"专业（劳动）报国"的内在学习动机和社会责任感，最重要的教育途径之一就应当是建设对大学生有一定智识挑战或智识吸引力的"劳动哲学"方面的专门劳动教育课程。而高校劳动哲学教育要有实效，就必须特别注意提升劳动教育的思想深度，努力直面与学生们专业学习离得最近的劳动世界之

复杂性课题的现实挑战。无论是努力提高马克思主义劳动价值观教育的自觉与深度，还是自觉引入对当代劳动世界复杂性课题的讨论，都是对当前我国高校劳动哲学教育应有重点的应激性思考。而无论是作为一门大学课程，还是一种学术研究，在劳动哲学领域，都还有许多本文尚未涉及又特别需要进一步探讨的严肃课题。

劳动教育是一种社会建构

——论作为社会教育的劳动教育①

　　党的十八大以来，尤其是 2018 年全国教育工作会议召开以来，由于党和国家领导人的倡导及教育工作者的努力，劳动教育已成为我国教育工作的重点、热点。在以教育"必须与生产劳动和社会实践相结合，培养德智体美劳全面发展的社会主义建设者和接班人"②为代表的政策话语的推动下，劳动教育已经逐步嵌入大中小学生的学习生活世界，也与国家的现代化进程及中华民族的伟大复兴建立起重要而具体的意义关联。

　　相应地，目前学界对劳动教育的探讨日趋活跃。主要包括两类：其一，劳动教育的基本理论研究，重点围绕劳动及劳动教育是

---

① 本文（郭岚为第二作者）已经发表于《教育科学研究》2023 年第 2 期。此次出版有改动。

② 《中华人民共和国教育法》（2021 年第三次修正）。

什么、为何需要开展劳动教育等基本理论问题展开，特别彰显了劳动教育的价值性与必要性；其二，劳动教育的实践方略探索，涵盖开展劳动教育的学段实际、劳动教育的课程建设、劳动教育的质量评估、劳动教育的国际比较等实践课题，尤重劳动教育的实效提升。这些研究无疑从不同侧面丰富了教育工作者对劳动教育的认知。然而，由于长时间以来人们习惯于将教育等同于学校教育，且劳动教育实施的责任主体多为大中小学校，而学校的劳动教育不仅存在学校教育内部各学科主体相互博弈、劳动教育时空大受挤压的问题，而且存在学校教育与家庭、社会教育尤其是与社会教育之间的有机衔接举步维艰的窘境。在一定程度上，我们甚至可以说，正是热热闹闹的学校劳动教育实践，遮蔽了劳动教育如何在社会建构维度超越学校教育局限性的深层次思考。

具体考察当前已有的劳动教育政策文本不难发现，虽然这些文本已经观照到了劳动教育的社会之维、注意到了社会教育的作用，但相关表述仍然缺乏必要和系统的理论澄清，也没有在方法论上将劳动教育看成是一种社会建构，进而导致相关政策表述存在一定局限性，社会力量助力劳动教育的开展在实然层面也未很好落地。本文从劳动教育的社会建构视角出发提出"作为社会教育的劳动教育"这一命题，希望能够在一定程度上弥补这一缺憾。

一、问题的浮现：政策文本中劳动教育的社会之维

由于建构德智体美劳全面发展的教育目标的确立，劳动教育已成为新时代教育工作的一个重要主题。在已经出台的一系列政策文本中，劳动教育政策话语的社会之维也日益凸显。比如早在2015年，教育部、共青团中央和全国少工委联合印发的《关于加强中小学劳动教育的意见》就已经提到过劳动教育存有"在社会中被淡化"等问题。① 而2020年中共中央、国务院出台《关于全面加强新时代大中小学劳动教育的意见》（以下简称《意见》），更是明确指出"社会要发挥在劳动教育中的支持作用"，"社会劳动教育要多样化"，并与家庭、学校形成协同育人格局。② 同年，教育部印发《大中小学劳动教育指导纲要（试行）》（以下简称《纲要》），《纲要》在劳动教育的组织实施部分指出，"中小学要推动建立以学校为主导、家庭为基础、社区为依托的协同实施机制"，"职业院校、普通高等学

① 《教育部 共青团中央 全国少工委关于加强中小学劳动教育的意见》，教基—〔2015〕4号。
② 《中共中央 国务院关于全面加强新时代大中小学劳动教育的意见》，http://www.gov.cn/zhengce/2020-03/26/content_ 5495977.htm，2021-12-31。

校要建立学校负责规划设计，行业企业社会机构主要负责业务指导，双方共同管理的劳动教育实施机制"。① 这些政策文件虽各有侧重，但都一致关注到了劳动教育的社会之维。然而由于社会生活与劳动教育是双向建构的关系，且劳动教育的社会主体极为多元、复杂，上述政策文本在劳动教育的社会之维的建构上也存在以下三个方面的问题。

（一）内容不够全面，忽视社会制度和文化的支持作用

在目前的政策话语中，社会教育主要作为劳动教育的资源而存在，相应的社会力量则被强调应在劳动教育中发挥支持性的资源供给功能。但教育资源只是劳动教育社会之维的一个面向，在劳动教育的开展过程中，社会制度和社会文化发挥着更为基础性的作用。"如果社会不改造，社会并没有对劳动者的尊重、对劳动成果的尊重，或者分配制度极端不公平、不能善待劳动者，光靠学校单独承担劳动教育的责任是没有希望的。"②梳理政策文本可以发现，加强劳动教育在社会层面宣传引导等要求仍停留在较为肤浅的层次，并未触及劳动教育在社会支持方面更为根本的内容，即全社会形成对

---

① 《教育部关于印发〈大中小学劳动教育指导纲要（试行）〉的通知》，教材〔2020〕4号。

② 檀传宝：《何谓新时代劳动教育之"新"》，载《中国教育报》，2022-05-12。

劳动及劳动成果的尊重机制，而这有赖于社会制度的保障和社会治理的完善。比方说，2020年发布的《意见》提到"营造全社会关心和支持劳动教育的良好氛围"①，但就其实现方式而言，却仅仅依托于树立典型、弘扬主旋律、反对错误观念等宣传策略，而未真正尝试在制度建设层面和社会治理过程中对不利于劳动教育的社会机制予以纠偏。社会即教育，在劳动教育方面，社会生活的教育意义更为重要。忽视社会制度和文化建设，社会生活就会从根本上失去对劳动教育的参与和支持作用。

（二）表述过于抽象，大而化之多元社会劳动教育主体

从社会建构视角出发的一个共识是，社会劳动教育的主体是多元化的，而这使得社会劳动教育的多样化成为可能。但问题在于，社会劳动教育的主体指的并不只是社会生活中承担"教育"责任的机构，而是指直接和间接具有开展劳动教育条件和具有劳动教育能力的所有社会组织机构。在当前的政策文本中，高等院校及职业院校、以少年宫为典型的综合活动实践场所、行业企业基地、群团组织以及各类公益基金会、社会福利组织等共同构成了

---

① 《中共中央 国务院关于全面加强新时代大中小学劳动教育的意见》，http://www.gov.cn/zhengce/2020-03/26/content_5495977.htm，2021-12-31。

社会劳动教育的主体。2020年的《意见》如此表述各社会教育主体劳动教育功能的发挥：企业公司、工厂农场等支持学生"参加力所能及的生产劳动、参与新型服务性劳动，使学生与普通劳动者一起经历劳动过程"，高新企业支持学生"体验现代科技条件下劳动实践新形态、新方式"，公共组织支持学生"参加志愿服务，开展公益劳动，参与社区治理"。① 从表述上看，这些政策话语均鼓励社会教育主体为学生们参与劳动、体验劳动提供接受劳动教育的平台，也强调了不同类别的社会教育主体具有差异性的劳动教育优势，但从根本上还是将社会教育主体笼统地作为劳动教育的工具而非劳动教育的主体、实体来看待，社会劳动教育主体的边界界定也过于狭窄。如此，许多未被点名的社会组织似乎就可以不承担劳动教育的社会责任，被明确赋予劳动教育责任的各社会教育主体也难以依托现有的政策框架，确立自身的劳动教育主体性——难以在劳动教育开展的过程中明确自己作为教育主体而非教育服务者的角色，难以真正因势利导发挥各自的劳动教育优势。

---

① 《中共中央 国务院关于全面加强新时代大中小学劳动教育的意见》，ht-tp：//www.gov.cn/zhengce/2020-03/26/content_ 5495977. htm，2021-12-31。

（三）机制尚未完善，家校社协同育人停留在理念倡导

就劳动教育纳入人才培养全过程的机制而言，相关政策已经明确要求劳动教育要与德育、智育、体育、美育相融合，要贯通大中小学各学段，特别是要贯穿家庭、学校、社会各方面。具体来看，政策文本在纵向贯通即在强调大中小学劳动教育一体化建设上着墨较多，而在关注劳动教育横向贯穿上则往往失之抽象，"家庭—学校—社区"的协同育人格局缺乏机制保障。2020 年发布的《意见》在"广泛开展劳动教育实践活动"板块，分门别类地说明了家庭要发挥基础作用、学校要发挥主导作用以及社会要发挥支持作用，但是并未提及家庭、学校和社区三者如何构建一体化的劳动教育环境和三位一体的系统合作机制。2020 年发布的《纲要》对"建立协同实施机制"进行了说明，特别明确了不同类别的社会力量是以不同的形式参与到不同阶段学校劳动教育的开展过程中的。在中小学，"学校要与相关社会实践基地共同开发并实施劳动教育课程"；而在职业院校、普通高等院校，学校和行业企业社会机构"双方共同管理劳动教育实施"。[①] 但如何共同开发、如何共同管理，这些问题都没

---

① 《教育部关于印发〈大中小学劳动教育指导纲要（试行）〉的通知》，教材〔2020〕4 号。

有在政策文本及相关的政策解读中得到有效的回应。总体来说，社会与学校、家庭协同育人更多地停留于理念上的倡导，如何通过机制创新在学校劳动教育和社会劳动教育之间建立有机联结还未在政策文本中具体明确。

二、命题的提出：作为社会教育的劳动教育

近年来劳动教育研究的数量呈井喷式增长，然而直接关注、正面回应社会劳动教育和劳动教育社会之维的研究虽然比重不大，但也有初步进展。比如，高宛玉认为，以社区为基点的劳动教育兼具"刚性"和"弹性"的双重发展逻辑。① 程豪等基于交叠影响域理论，呼唤以家校社协同开展劳动教育，以超越家校社分离式的劳动教育。② 班建武认为，劳动教育自身的复杂性与实践的条件性，决定了劳动教育的有效推进不是学校自身就能够独立实现的。③ 这些研

---

① 参见高宛玉：《回归与进化：劳动教育再发展与社区教育治理体系构建的互动逻辑》，载《现代远距离教育》，2019(5)。

② 参见程豪、李家成：《家校社协同推进劳动教育：交叠影响域的立场》，载《中国电化教育》，2021(10)。

③ 参见班建武：《新时代劳动教育社会支持的现实挑战及应对路径》，载《中国电化教育》，2021(11)。

究确实关注到了劳动教育的社会之维，但是总体看来劳动教育与社会及社会教育的具体和全面的关系如何、社会力量如何才能更有效作用于劳动教育等原理性问题并未得到澄清。

从方法论意义上说，作为社会教育的劳动教育，不仅是社会教育机构进行的教育，更应当看作作为社会建构的教育。以下尝试从作为社会治理的劳动教育、作为全面教育力量的社会存在以及社会劳动教育的优势及其发挥三个方面对"作为社会教育的劳动教育"这一命题具体说明。

(一)劳动教育与社会治理

回到劳动教育的原点，思考劳动教育的本质属性及其在新时期何以必要的问题，可以发现劳动教育与社会治理有着最密切、辩证的关联——劳动教育是一种社会治理，而社会治理本身也是一种劳动教育。

改革开放之前，虽然有将劳动等同于体力劳动的观念错误，但当时全社会(而不仅仅是教育)都表现出了对劳动、劳动者相当的尊重，劳动教育不仅是学校的，而且是社会的。改革开放以来，我国的劳动生产水平有了很大的提升，然而劳动价值尤其是体力劳动的价值却在一定程度上受到贬损。一方面，"科技是第一生产力"、脑力劳动的价值逐步被认可的同时体力劳动日渐被人冷落，社会上弥漫着的急功近利、唯利是图、嫌穷爱富的氛围也进一步促成了学校教育中出现文化知识学习垄断教育生活的问题。另一方面，信息化社会加剧了现实生活里本来就有的劳动异化，简单强调动手流汗的劳动教育也的确不再适应新的劳动形态和生产力发展水平，基于新时代背景的学校教育与社会生活之间的相互建构也势在必行。

在一定意义上，重申劳动教育的价值性和必要性，实际上是希望把教育作为社会改造的方法，以纠偏不当的劳动价值观、实现劳动与教育世界的社会正义。劳动教育不仅是社会教育的重要内容，而且应当作为社会治理的重要手段参与社会治理。"具有公共品德的多元主体参与共建是社会治理的基本要求"①。劳动教育作为面向所有对象的普通教育，在个体层面通过提升劳动素养促进个体的全面发展，无疑有利于在社会层面使社会成员在劳动中成为具有公共品德的社会治理主体。坚持劳动价值观的正确引导有助于形成尊重劳动人民和劳动成果、热爱劳动过程的社会氛围。与此同时，如果我们超越性地理解社会教育，即将其理解为社会建构的教育而不止于由社会机构开展的教育的狭义理解，那么社会治理本身也是社

---

① 虞晓骏：《公共性：社会教育融入社会治理的价值向度》，载《职教论坛》，2018(11)。

会教育，而且也许是更根本、影响更深远的劳动教育。这是因为，一个劳动者（无论是体力劳动者还是脑力劳动者）不受尊重的社会，一定没有真实、有效的劳动教育。反之，认真贯彻按劳分配的制度理念、坚决捍卫劳动者的合法权益（包括体力劳动者的福利保障，也包括脑力劳动者的知识产权等）等社会治理本身，就是活生生的劳动教育。实际上，劳动教育自诞生之始就带有个体解放和社会解放的双重意味，只可惜，这一常识在劳动教育开展的过程中却常常被人遗忘。

（二）劳动教育的社会力量

按照目前的政策文本，日常生活劳动、生产劳动和服务性劳动构成了劳动教育内容的三个方面。但无论日常生活劳动、生产劳动还是服务性劳动，显然都具有强烈的社会属性，也离不开社会力量的支持。

具体来看，日常生活劳动的开展主要发生在家庭和学校空间，社会力量的支持主要体现在社会文化对劳动价值观的健康引导上。生产劳动更多依托于社会实践场所，社会力量的支持更多体现在社会物质资源供给上。服务性劳动则可能发生于真实的社会情境并导向社会责任感的养成，而利他的服务精神尤其需要良好的社会分配制度护航。由此可见，劳动教育的有效开展和落实确实需要得到社会力量在资源供给、制度保障和文化导向等方面全方位的大力支持。在某种程度上说，社会生活本身就具有教育性。正是因为社会资源、社会制度、社会文化等"会说话"，劳动教育也就愈加需要在利用社会资源的同时"凸显教育的专业性和公共性"，更需要"强化制度自身的公共性"并"突出（劳动教育）价值取向（在不同时空场域）的一致性"。①

　　需要说明的是，本文所提出的"作为社会教育的劳动教育"，意在强调劳动教育的社会建构，并不完全等同于"社会劳动教育"。社会劳动教育并列于学校劳动教育、家庭劳动教育，指的是劳动教育在社会空间上的延展。它突出了社会主体在物质层面的资源供给能力，但忽视了社会制度和社会文化在劳动价值观引导上的重要作用，同时弱化了社会主体在开展劳动教育过程中所必需的教育能力。而本文所提出的"作为社会教育的劳动教育"，一方面强调广义的作为社会建构的社会教育与劳动教育二者属于包含与被包含的关系，劳动教育具有社会性且具有社会建构导向，劳动教育既是广义的社会教育的手段也是社会教育的内容。另一方面，"作为社会教

---

　　① 班建武：《新时代劳动教育社会支持的现实挑战及应对路径》，载《中国电化教育》，2021(11)。

育的劳动教育"更加强调的是，社会作为教育主体而非一般的社会组织机构在劳动教育的过程中的深度参与。简言之，对社会力量的理解不应局限于资源供给层面，劳动教育的开展亟须全方位的社会主体的教育支持。

（三）社会教育的优势发挥

在社会教育与学校教育的联系方面，目前的主要形式体现在学校劳动教育对校外劳动实践场所的利用上。更全面、深入地理解社会教育优势及其发挥，极其重要和关键。

目前中小学劳动教育的校外实践场所主要包括两类：以"学工、学农"为主要目标的综合实践基地和以服务性劳动为关键任务的服务性劳动基地。农业劳动实践基地往往为劳动教育所需而专门设立，而工业劳动实践基地更多依托于企业单位，服务性劳动基地则专指经由认定的"城乡社区、福利院、医院、博物馆、科技馆、图书馆等事业单位、社会机构、公共场所"①。它们皆具有劳动教育（潜在）价值，但这些机构开展劳动教育的专业性水平参差不齐，所能提供的劳动教育资源也差异巨大。劳动教育政策制定者和实施主

---

① 《教育部关于印发〈大中小学劳动教育指导纲要（试行）〉的通知》，教材〔2020〕4 号。

体即大中小学校除了需要因势利导，发挥不同校外实践场所各具特色的教育潜能，也需要更多地"看见"、发挥社会教育主体所独具的劳动教育优势。

一般理解的社会教育主体，常常是指由政府、公共团体或私人所设立的社会文化教育机构。[①] 社会文化教育机构因其具有公共性且具备一定的教育能力，故而在劳动教育的开展过程中具有不可忽视的教育优势。这是因为，一方面，区别于一般的社会组织机构，对公共性理念如"努力促进社会公平和民主"[②]的追寻，往往贯彻于以博物馆、科技馆、图书馆为典型代表的文化教育机构的社会行动的全过程。对于这些文化教育机构而言，教育服务是其社会职能发挥的关键，也是其确立自身合法性的重要基础。目前许多社会教育机构也已经意识到劳动教育是德、智、体、美、劳全面培养体系的关键环节，有必要主动地关照劳动教育、积极地探索如何开展劳动教育。另一方面，虽然与体制化的学校教育比较，社会教育具有更大的灵活性，但社会文化教育机构开展的教育活动也仍然是有目

---

① 参见侯怀银、张宏波：《"社会教育"解读》，载《教育学报》，2007(4)。
② 参见刘沙：《博物馆场域中符号权力与公共性理念的张力——基于布迪厄文化再生产理论的考察》，载《东南文化》，2022(1)。

的、有计划、有组织的①活动，也会综合考虑个体的学习需要及机构自身特点以及社会整体的发展需要等。可以说，社会文化教育机构虽然不是专门的教育机构，但已然具备一定程度的教育专业性。再加上社会教育机构提供的教育本身有可能比学校教育更为生动活泼，学校劳动教育主动寻求社会文化教育机构的教育支持并且积极促成劳动教育的合力，无疑是一个明智的选择。目前问题的症结只在于，学校教育和社会文化机构如何建立具体、有效的协作关系。若学校劳动教育只是将社会教育机构简单看成是一种校外教育资源而非一类具有独立价值的教育主体，则无论是学校劳动教育还是社会劳动教育，都会浅尝辄止、难以取得真正的教育合力和应有的教育实效。前述政策文本之所以会出现家校社协同育人更多地停留于理念上的倡导，在学校劳动教育和社会劳动教育之间建立有机联结方面缺乏具体规约，一个重要原因，也在于对社会教育的独立价值、优势及其发挥存在认识上的局限。

总之，如果说政策文本对劳动教育社会之维的关注不够、还未真正完整地"看见"社会教育之于劳动教育所具有的独特优势是一种缺憾，那么理论界在劳动教育的社会建构以及社会教育优势发挥等

---

① 参见王乐：《论社会教育的边界意识》，载《南京社会科学》，2019(5)。

议题上长时间的失语状态，则是更严重的问题。当然，教育理论向来是实践性的。前述失语状态的改变，既需要理论上的努力，更需要实践上的探索。

三、方法的探寻：作为社会教育的劳动教育

需要澄清的是，"作为社会教育的劳动教育"这一命题无意弥散"社会教育"的概念边界，也无意消解学校劳动教育的主体地位。"作为社会教育的劳动教育"的基本要义在于，突出劳动及劳动教育的社会属性，强调社会建制与劳动教育的相互建构，从而实现劳动教育实效的真正提升。当然，理论构想如何更好地照进现实，"作为社会教育的劳动教育"如何在教育实践上得以真正地落实，还需要从宏观到微观在以下几个方面持续探索。

(一)大力完善社会制度层面的劳动保障机制

良善的社会制度建设是经济发展和文化繁荣的基石，也是提升劳动教育实效的需要。通过社会治理的完善推进劳动教育是中国社会的当务之急之一，具体发力点至少应当包括健全劳动的社会保障制度、优化收入分配制度以及完善劳动争议处置机制三大方面。

与劳动教育相关的社会治理的完善，首先是健全社会的劳动保

障制度，切实满足劳动者对于美好生活的基本需要。当前，劳动就业格局的显著变化已经大大加剧了劳动者社会地位和收入待遇等方面的差距。其中一些差距既是社会不公，更是反向劳动教育。国家应当采取切实措施通过劳动保障制度的优化，"维护与发展好劳动者的经济、政治和文化等各项权益，使其在劳动中获得尊严、觉得体面、过得幸福、活得滋润"①。其次是优化收入分配制度，权衡效率和公平两个方面，大力促进共同富裕。分配问题从来都不纯粹是经济学问题，而是具有鲜明社会价值导向的社会问题。一方面，当前我国的收入分配上存在的不平衡主要表现在"新业态从业人员和企业的劳动关系和权责分配尚未完全厘清""创新生产要素的收入分配机制仍未完善""新兴和传统行业的收入差距持续扩大"等方面。② 国家应当通过优化收入分配、再分配制度，让劳动者"在享受公平发展机会的基础上，充分享受社会主义公平分配的权利"③。另一方面，与创新社会的建构相关的创新激励机制的完善也十分重

① 王秀杰、邱吉：《劳动教育思想的历史嬗变与价值创生进路》，载《河南师范大学学报（哲学社会科学版）》，2022（5）。
② 潘春阳、吴柏钧：《构建公平合理的收入分配制度：新中国七十年探索》，载《中央社会主义学院学报》，2022（4）。
③ 韩喜平、何况：《分配制度变革何以推动共同富裕现代化》，载《广西师范大学学报（哲学社会科学版）》，2021（6）。

要。若知识产权的保护等措施不能落实，则创造性劳动的积极性一定会受到抑制，既伤害劳动者的创新积极性，也不利于社会整体的发展。最后是完善劳动争议处置机制，在保障用人单位权利的同时，注重保护劳动者的合法权益。① 应当健全法治，并促进政府、工会组织和企业组织共同参与劳动争议处置机制的改革，提高劳动争议处置的效率。让劳动者获得应有的尊严，是"劳动最光荣"的底线。总的来说，劳动最伟大、最光荣、最美丽，需要有社会制度的支撑。公平公正的社会制度建设关系到劳动者的权益保障，也与尊重劳动、崇尚劳动的舆论氛围直接相关。以维护劳动者权益与尊严等为目标的社会治理的完善，既是劳动教育的重要支撑，也是作为社会建构的劳动教育本身。

(二) 充分发挥社会教育主体的劳动教育潜能

当前，社会教育主体的劳动教育潜能还未被充分"看见"。而这一教育价值被"看见"的实现需要社会教育主体有更高的劳动教育自觉。以博物馆、科技馆、图书馆为代表的公共文化教育机构应当更自觉、更充分地利用自己的教育优势，开展独具特色的劳动教育

---

① 参见李培志：《试论和谐劳动关系的构建》，载《中国劳动关系学院学报》，2005(6)。

实践。

　　以博物馆为例，作为高度组织化和制度化的非正规教育机构，拥有丰富的物质文化资源、能够有针对性地满足个体的非正式学习需求、统筹多方力量开展多样化的教育活动等，构成了博物馆教育的优势所在。博物馆完全可以通过不同劳动场景的模拟来丰富多元的劳动体验，也可以通过策划与劳动教育相关的主题展览和教育活动来培养学生的劳动价值观和良好的劳动品质。而在服务性劳动方面，博物馆更是独具优势。比如在志愿服务中，学生转化自身角色——从参观者变成志愿服务人员，不仅可以帮助他们更好地理解博物馆的运作机制和公共属性，也可以有力地提高学生的社会责任感。另一方面，相较于学校中的劳动课程，博物馆可以调动更为多元的社会文化资源来提供丰富多彩的劳动教育。博物馆既可以"迎进来"——成为联结中小学校与高等教育机构、新兴产业单位等的中介力量推进劳动教育的协作，也可以"走出去"——进入各级各类的中小学校和社区发挥自己在劳动价值观念引导上的教育优势。

　　简而言之，社会教育主体的劳动教育潜能具有十分广阔的想象空间，社会教育主体的主体意识一旦被充分激活，则社会教育意义上的劳动教育实践一定大有可为。

(三)有效强化校社联结意义上的劳动教育机制

劳动教育的有效开展,无疑需要政府、学校、家庭和社会多方联动。其中建立、强化学校教育与社会教育在劳动教育方面的有机联结十分关键。

学校无疑是体系化劳动教育开展的主阵地,学校劳动教育课程,包括专门劳动教育课程和间接的劳动教育课程,都是实施劳动教育最重要的途径。与此同时,社会教育也是劳动教育尤其是生产劳动教育、服务性劳动教育的重要依托,社会制度和社会文化则在劳动价值观的塑造上发挥着关键作用。问题在于,当前劳动教育的校、社联结的价值仍未被充分"看见",学校与社会协同开展劳动教育更多地停留在一般性的口号宣传的层面。落实、深化不同育人主体之间的协作关系,既需要社会制度层面的机制创新,更需要教育实践层面的观念变革。对于劳动教育的实施主体即大中小学校而言,有必要更为自觉、主动地强化校社联结,通过优势互补来提高劳动教育的实效。比如在劳动教育的课程建设的过程中,一方面需要改造现有的学科课程,凸显劳动教育与社会生活的联系,建立课程内容与社会生活特别是劳动现实的密切关联。另一方面,劳动教育课程本身也需要摆脱传统劳动教育的僵化思维,更为主动地吸纳社会教育主体的力量,走出课堂和学校教育的空间与时间限制,在多样化的社会情境中开展与时代脉搏共振的劳动教育。

此外，作为最为自觉的教育力量，学校在校、社劳动教育联结上不应仅仅作为"合作方"被动地实现教育协作，而且应当主动与社会教育机构建立联系，成为社会教育的"参与主体"之一，深度介入校外劳动教育的建构。也唯有如此，社会教育机构才能充分考虑学校劳动教育的实际需要和学生参与劳动教育的心理实际，提供更为有效的劳动教育合作。

总而言之，劳动教育首先是一种社会建构，作为社会教育的劳动教育十分重要。就劳动与社会的关系而言，一方面，劳动连接着个体和社会，通过劳动这一纽带及劳动教育这一过程，个体可以更好地认识自己、社会以及自己与他者的关系，社会也通过劳动分工、合作、创造而获得良善发展的可能。另一方面，真实的劳动发生于鲜活的社会生活世界、具体的社会文化情境，社会生活通过劳动能力的需求和劳动价值的导向发挥着不可忽视的教育作用。就社会教育与劳动教育的关系而言，一方面现实的社会教育之于劳动教育具有重要价值，多元社会教育主体为劳动教育内容和形式的创新带来更多的可能，学校与社会机构在劳动教育上的真实合作就显得十分必要、重要。另一方面，"社会教育"再概念化为社会生活意义上的教育，社会教育与学校教育的界限就会由此淡化，广义的社会教育是一种社会建构，而作为社会教育的劳动教育也会反过来参与社会建构。

本文抛砖引玉，提出"作为一种社会教育的劳动教育"的命题，旨在探讨如何具体、深入地将当前相关政策文本已经关照到的劳动教育的社会之维落到实处，通过社会教育观念的重建来更好助力劳动教育的有效开展，真诚希望得到教育同道的共鸣与指正。

附录一 新时代劳动教育的内涵特征与 实践路径①

劳动教育是全面发展教育的重要组成部分。新中国成立以后，各级各类学校都对劳动教育进行了大量富有成效的探索，积累了诸多有益的实践经验。当前，中国社会迈入新时代，产业结构改革不断升级，社会的劳动形态也正在发生着深刻的变化。与此同时，中国改革开放40年带来了经济的持续高速增长，社会财富空前丰富，人们的闲暇时间也日益增多。这一切都在深刻地改变着人们的劳动观念和劳动意识。尤其是对于当代少年儿童而言，他们从小就生长在一个物质极其丰富的社会环境中，他们看待财富与劳动的方式与

① 本文作者为班建武，曾获得全国（中国教育学会教育学分会）德育学术委员会与香港田家炳基金会联合设立的"中青年年度德育论文奖"。文章曾以《"新"劳动教育的内涵特征与实践路径》为题发表于《教育研究》2019年第1期，本次出版补充了部分内容。（班建武，北京师范大学公民与道德教育研究中心主任，教授。研究方向为德育原理、教师伦理、青少年文化等）

过去的少年儿童相比，也发生了巨大的变化。因此，劳动教育正面临着新时代的挑战。这种挑战突出表现为劳动形态的变化、社会劳动价值观的改变以及青少年学生劳动实践的缺乏等方面。在新的时代背景下，切实提高劳动教育的实效性，我们需要准确把握新时代劳动教育的内涵特征。基于此，本文立足于新的社会劳动形态和时代特点，结合具体教育实践，从立场、内容、功能三个主要层面，阐发新时期劳动教育的内涵特征及其实践路径。

一、从形式到实质：劳动教育的"新"立场

立场反映的是我们思考问题的出发点，是认识和处理问题时所处的地位和所持有的基本态度。不同的立场将会深刻影响人们对同一事物的不同判断。因此，考虑新时代劳动教育的内涵特点，就需要明晰其基本立场。而劳动教育的立场，在很大程度上取决于人们如何看待劳动与教育的关系。因此，考察劳动教育的立场，就需要对劳动与教育的关系有一个准确的认识。

在远古时代，教育最主要的载体便是具体的生产劳动。也就是说，生产劳动在古代既作为维系社会存在和发展的基本物质前提，也是向年青一代展示、示范和传递劳动经验的主要教育现场。在这

种情况下，劳动、生存、教育基本上是一体的。因此，早期的劳动教育其基本立场就是立足于教育与劳动的直接同一，其根本功能是维系个体和人类的基本生存。及至阶级社会产生，随着生产力的发展，统治阶级的教育从生产中独立出来，而劳动者的教育则仍然主要通过生产实践进行。在"劳心者治人，劳力者治于人"价值观的作用下，广大劳动人民在劳动中所接受的教育往往被社会主导意识形态所贬低，并被排斥在体制化的正规教育之外。在这种情况下，劳动教育几乎被污名化为带有强烈价值歧视色彩的下层人民的代名词。《论语》中樊迟请学稼的教育典故，无疑是这种状况的生动注脚。

新中国成立以后，党和国家高度重视劳动的地位和作用。1958年9月，中共中央、国务院《关于教育工作的指示》中就明确强调将"教育必须同生产劳动相结合"作为我国教育方针的重要组成内容。在改革开放前的很长一段时期，教育与劳动高度结合。劳动教育的基本立场就是要防止教育脱离生产劳动实践，切实发挥劳动教育人、改造人的重要作用。可以说，这一时期的劳动教育在改造知识分子的思想认识、提升劳动者的社会地位以及增强学校教育的实践性、提高学生的生产劳动技能、促进社会发展等方面，取得了重要的教育和社会效益。这是社会主义建设的需要，也是社会主义教育性质使然。但客观地讲，由于历史或发展条件所限，这一时期开展的劳动教育在关于教育与劳动关系的认识方面存在诸多偏颇之处。

首先，劳动在很长一段时间内被视为改造旧学校、改造知识分子思想的基本教育途径，导致劳动教育的政治功能被无限放大，很大程度上劳动教育变成了一种重要的社会政治运动。如何改变旧学校与生产劳动相脱节，以及在思想观念上改造广大知识分子，确保广大干部自觉与人民群众站在一起，成为当时重要的问题。而解决这些问题的重要途径就是"劳动改造"。在当时，"五七干校"在转变"资产阶级知识分子"思想、增强干部与群众水乳交融方面扮演着重要角色。对于知识青年来说，"上山下乡"，接受贫下中农的再教育，成为年青一代思想改造的全国性运动。可以说，这样一种劳动教育，在当时对于改变知识分子的思想观念，密切干部与群众的联系，增进青年学生对生产实践的了解，以及提升广大劳动者的社会地位等方面，发挥着重要的作用。但是，将劳动教育窄化为"劳动改造"，一方面容易导致学校教育陷入无序状态，另一方面也在很大程度上影响了劳动教育功能的正常发挥。

其次，劳动教育的实施途径在当时被简单地等同于劳动，导致劳动有余而教育不足，在很多时候劳动教育演变成为"劳动"而"劳动"，教育在无形中被劳动取代。当时的劳动教育，其基本形式就是直接参加生产劳动。也就是说，那个时候的劳动教育基本上就是开门办学，直接让学生参加形式多样的生产劳动。比如，广西某中学在 1958 年给教育部的一封信中列举了该校从当年 9 月开学到年底的 4 个月间，全校师生按照上级指示办工厂、挖矿石、运料、炼铁、给前方钢铁战士制棉衣、支援秋收等实际情况。甚至有些学校提出"生产在哪里，学习到哪里""工地是学校，炉旁是课堂"等口号，把原有的教学计划完全搁置，并根据生产实际来开展所谓教学。① 由此可见，在当时而言，参加劳动就意味着接受教育。这样一种劳动教育的形式，更多的只是在形式层面实现了教育与生产劳动的结合，并未从根本上找到教育与生产劳动的实质结合点，从而在实践上导致了用劳动代替教育的片面做法，极大地冲击了包括劳动教育在内的整个学校教育的正常开展。

最后，劳动教育的内容主要聚焦在"体力劳动"技能和品质的习得上，而将"脑力劳动"作为"体力劳动"的对立面加以批判，从而在很大程度上造成了对劳动的片面理解。新中国成立后很长一段时间里，脑力劳动者往往被认为存在"鄙视劳动"的价值观以及坐享其成、不劳而获的剥削思想，因此，这些人是需要通过劳动加以改造

---

① 成有信主编，劳凯声、肖川、丁东等著：《教育与生产劳动相结合问题新探索》，318～319 页，长沙，湖南教育出版社，1998。

的，而改造的重要路径就是"体力劳动"。在这种时代背景下，作为两种重要劳动形态的体力劳动和脑力劳动，被人为地对立起来，并以前者来否定后者。这样一种认识在劳动教育的内容上，就突出表现为以学习生产性的体力劳动为主，有关脑力劳动方面的学习是被排斥的。在当时，劳动教育的学习内容主要是"学工、学农、学军"。甚至有些地方用"三机一泵"（三机：拖拉机、柴油机、电动机；一泵：水泵）取代了物理教学。因此，这一时期的劳动教育往往强调其"体力劳动"的一面，而忽视甚至否定了"脑力劳动"的教育价值。这样一种关于劳动教育内容的片面定位，不仅在很大程度上否定了脑力劳动的价值，而且也使得脑力劳动被污名化。这实际上是对劳动教育的片面理解。

产生以上问题的原因是多方面的。但是，对马克思主义关于"教育与生产劳动相结合"这一问题的片面理解，可能是导致以上问题的重要思想根源。马克思主义作为我国革命和建设的指导思想，深刻影响着社会方方面面的变革。可以说，新中国成立后，中国劳动教育的实践主要就是在马克思主义关于教育与生产劳动相结合这一思想的指导下进行的。因此，是否能够准确地把握教育与生产劳动相结合这一命题的实质，对于劳动教育能否健康地开展意义重大。从新中国成立后的劳动教育实践来看，当时对于马克思主义关于教育与生产劳动相结合的基本认识是，教育与生产劳动相结合就要将教育与劳动完全融为一体。这实际上是对教育与生产劳动相结合的实质产生了误判，从而导致了实践的种种弊端。

实际上，教育与生产劳动相结合的前提是二者的分离。根据成有信教授的观点，教育与生产劳动有两次分离。第一次分离是统治者的教育从生产劳动中和从劳动者教育中的分离，由此产生了古代学校教育；而第二次分离则是伴随着大工业的发展和科技的进步而促成的劳动者的教育从生产劳动中的分离。① 第二次分离造就了现代教育。因此，马克思主义关于教育与生产劳动相结合的实质是"现代教育和现代生产劳动这两个独立过程以现代科学为结合点的这种相互联系和相互依存状态。"② 也就是说，现代教育与现代生产是两个独立的过程，二者共同产生于社会生产力的高度发展。因此，不能简单用一个取代另一个。用劳动来代替教育，将教育完全融入劳动之中是一种历史的倒退。另外，教育与生产劳动的结合点是现代科学，因此，不能够用体力劳动来取代脑力劳动，不能只讲劳动技术而不讲相关原理。在新的时代背景下，科学技术作为第一

---

① 成有信主编，劳凯声、肖川、丁东等著：《教育与生产劳动相结合问题新探索》，76～77页，长沙，湖南教育出版社，1998。

② 成有信：《论教育和生产劳动相结合的实质》，载《中国社会科学》，1982(1)。

生产力的作用会更加突出，以智力劳动为核心的劳动形态对于社会的发展和进步意义重大。因此，我们需要对马克思主义关于教育与生产劳动相结合这一命题的实质有更为完整和科学的认识。过去，我们更多的是在"形式"的立场上实现了教育与生产劳动的结合，即将教育完全融入生产劳动当中。现在，则需要我们更多地在"实质"的立场实现教育与生产劳动的结合，即在将教育和生产劳动作为两个独立系统的基础上，通过现代科学这个中介，内在地将二者结合在一起，共同致力于培养全面发展的人。

当前，劳动教育在学校中被弱化、在家庭中被软化、在社会中被淡化，中小学生劳动机会减少、劳动意识缺乏，出现了一些学生轻视劳动、不会劳动、不珍惜劳动成果的现象。① 针对这些问题，学校必须加强劳动教育。但是，解决这一问题不能够矫枉过正，重新回到过去用劳动代替教育的老路上。而是要深刻理解新时代教育与生产劳动相结合的实质，科学规划、专业设计，在劳动教育中，既要重视劳动知识和劳动技能的学习，也要注重对学生劳动态度、劳动观念的培养，二者不可偏废。

---

① 《教育部 共青团中央 全国少工委关于加强中小学劳动教育的意见》，教基—〔2015〕4 号。

二、生产与消费相统一：劳动教育的"新"内容

从教育与生产劳动"实质"结合的立场去审视劳动教育，必然会带来劳动教育内容上的根本性变革。可以说，立场的转变首先就体现在内容的革新之上。

在过去，劳动教育承担着重要的生产者培训工作，因而其内容基本上是生产性和技术性的，注重的是具体的劳动技能的训练和培养。比如，1957 年教育部发布了《关于增设农业基础知识课的通知》，同年 6 月，教育部又颁布《关于 1957—1958 学年度中学教学年级增设农业常识和农业常识教学要点的通知》，要求在中学增设农业基础知识课，在农村小学增设农业常识课。由此可见，当时的劳动教育在内容上主要集中在第一产业的生产知识上。改革开放后，1982 年教育部颁布了《关于普通中学开设劳动技术教育课的试行意见》，要求学校培养学生手脑并用的能力，劳动技术教育成为学校正式课程。虽然劳动教育作为正式的课程进入学校教育系统，但是，正如这门课程的名称所规定的，劳动技术的学习仍然是其主要内容。只不过，相对于新中国成立初期的劳动教育在内容上更侧重以农业为核心的第一产业有关的生产知识而言，

劳动技术教育的课程内容扩展到了包含制造业等在内的第二产业的相关知识。技术性、生产性劳动依然是当下劳动教育内容的重要组成部分。

应该说，这样一种劳动教育内容的设定，反映了当时社会的实际，也在很大程度上适应了社会的需要。但是，这种相对保守和封闭的技术性、生产性的劳动教育内容，在新的时代背景下遭遇了多方面的挑战。

首先，劳动形态的持续全面变革势必要求学校劳动教育树立一种发展的内容观。可以说，当前劳动领域的变革正发生着翻天覆地的变化。这种变化在量上首先体现为新兴劳动形态的不断出现。当前，诸如信息产业、文化产业等新兴劳动的不断涌现，正日益挑战着过去主要基于第一、第二、第三产业所建构的劳动形态格局。在这种情况下，劳动就其形态而言，呈现出多样化的叠加态，生产与技术、知识与价值、信息与文化、时间与空间等劳动要件的耦合比任何时代都更加复杂，更加多样。因此，新时代的劳动教育在内容上必须主动扩容以涵盖变化发展了的劳动现实。而劳动形态的变化不仅表现在量上的激增，更表现在其更新速度的加快。新劳动形态的不断产生与旧劳动形态的不断消亡，将是这个时代劳动场域的基本特征。学校的劳动教育如果不正视这一点，必将落伍于时代。因此，新时代的劳动教育在内容上必须秉持一种发展的内容观。一方面，重视社会劳动形态的变化及时调整和更新相应的教育内容；另一方面，则重在劳动基本态度和基本能力的培育而不是具体生产技术的教授，使学生能以健全的心态在飞速发展的劳动形态中"以不变应万变"。

其次，劳动与消费一体两面的关系要求新时代的劳动教育必须高度重视消费教育。在新的历史时期，劳动教育的内容不能仅局限在作为生产的劳动上，更要关注作为消费的劳动，而后者，恰恰是过去劳动教育所欠缺的。从前文论述可以看出，过去的劳动教育更多指向的是一种生产性的教育，关注的是如何帮助学生获得一种生产社会财富的能力。这样一种生产本位的劳动教育，对应的是物质匮乏的社会现实。当前，对于中国社会而言，生产领域存在明显的结构性产能过剩的情况，如何促进内需是促进中国经济进一步发展的重大时代课题。与此同时，当代学生从小就生长在一个物质财富极其丰富的时代。对物质产品的占有和消费对于他们而言，是一种理所当然、天经地义的事情。在这种情况下，如果我们的劳动教育仅仅强调劳动的生产意义，那么，这一方面远离学生实际的生活体验，另一方面也会遮蔽学生对劳动本身意义的真正认识。在马克思那里，"生产行为本身就它的一切要素来说也是消费行为"①。因此，生产与消费本就是一个完整劳动链条得以有效运转的基本要素。在很大程度上，消费是人类再生产的必要条件。不能正确认识消费，就很难认识到生产的价值和意义。当前，青少年学生普遍存在的符号消费、过度消费、攀比消费等现象，从一个侧面反映了当前劳动教育在内容上的缺位。在这方面，日本教育家小原国芳在其"全人教育"体系中就明确提出在学校教育中开展"富的教育"的必要性。他明确指出："为了生活而需要面包。为了使精神有效地增强，就需要许多手段""轻视富的价值，则精神文明不能成立；没有精神文明的发展，也就不能指望物质文明的进步"。② 因此，帮助学生正确认识消费的本质及内涵，培养其有节制的理性消费，将是新时期劳动教育的应有之义。

最后，劳动生产力不断提高所带来的个体自由时间的增多也需要新的劳动教育大力开展闲暇教育，或者实现劳动教育与闲暇教育的有机结合。提高生产力的根本目的是解放人。在生产力低下的时代，人的时间几乎都被劳动所占有。在这种情况下，人的自由全面

---

① 《马克思恩格斯全集》第四十六卷(上)，27页，北京，人民出版社，1979。
② ［日］小原国芳：《小原国芳教育论著选(下卷)》，刘剑乔、由其民、吴光威译，11页，北京，人民教育出版社，1993。

发展基本上是一种乌托邦。当前，社会生产力正以前所未有的速度不断向前发展，由此带来的直接结果是社会财富的快速积累、人们劳动时间的不断减少和闲暇时间的空前增多。中国社会从最初的一周休息一天，到1995年开始实行双休日制，再到当前所提出的"四天半"工作制设想，表明了在可以预见的将来，中国人的绝对劳动时间将不断缩小。而对于中小学生而言，随着以"减负"为重要载体的素质教育改革的不断推进，学生在校时间也将不断减少。换言之，学生的闲暇时间也会不断增多。可以说，闲暇时间的不断增多是人的个性全面自由发展的必要条件，但是，如果个体没有驾驭这种不断增多的闲暇时间的能力，那么，闲暇时间的增多对于身心发展尚未成熟的学生而言，有可能将会是一种灾难。因此，怎么规划时间、利用时间、管理时间等将成为新时期劳动教育不可回避的重要内容。

三、从工具到存在：劳动教育的"新"功能

结构功能主义告诉我们，结构决定功能。以上劳动教育立场的转变、内容的扩展，必然会引起劳动教育结构的变革，而这又势必会引发劳动教育功能全面而深刻的改变。这种改变主要集中体现

在，过去的劳动教育对于个体而言，其基本价值在于工具性的谋生手段；而当代劳动教育对于个体而言，就不仅是具有工具性的外在价值，更具有存在性的内在价值。也就是说，新时代的劳动教育越来越成为当代人最重要的存在方式。

作为工具性的劳动教育，更多的是解决个体的谋生问题。在这种情况下，人更多的是被劳动所奴役。而此时的劳动对于个体来说，是一种不得不为之的无奈之举。关于这一点，我们可以从历史与现实中人们对于劳动的基本态度中窥见一二。在很长一段时间里，摆脱甚至逃离劳动(尤其是体力劳动)被视为一个人高贵身份的重要表现。因此，劳动对于人来说就成了一种存在性的悖论，即我们当下之所以需要劳动就是为了能够有朝一日摆脱劳动。这种劳动观念的产生，根本原因在于生产力的相对低下和社会财富的有限性所造就的人剥削人的社会关系，但其直接原因则在于我们更多的是从工具—手段论的角度来论述劳动之于人和社会的必要性。甚至有些时候，劳动会成为我们惩罚一个人的重要手段，而这实际上是对劳动本身的污名化。当前，一些学校往往将劳动作为一种惩罚学生的手段，这种做法，实际上会极大地影响学生对劳动的正确认识。我们都知道，凡是能够用来惩罚别人的东西，必然是不好的东西，它更多地会引起人们痛苦的感受。如果以这样一种工具论的劳动功能观来开展劳动教育，其效果必然不佳。

当前，随着社会生产力的快速发展，以及劳动形态的急剧变迁，劳动自身的存在性价值将会日益凸显。也就是说，劳动以及劳动教育虽然之于个体而言依然具有重要的工具性价值，但是劳动使个人自我价值实现、获得存在的价值感和意义感的存在性功能将会变得越来越重要。

首先，新时代的劳动教育要能够确保人获得一种自我存在的价值感和意义感。劳动创造人，这是恩格斯在《劳动在从猿到人的转变中的作用》一文中提出的基本观点。在恩格斯看来，"社会本能是从猿进化到人的最重要的杠杆之一。最初的人想必是群居的，而且就我们所能追溯到的来看，我们发现，情况就是这样。"①由此可见，劳动在使人从猿转变为人的过程中，不仅改造了人的生理结构，使人可以直立行走，而且也从根本上改变了人的关系形态，赋予了人一种价值性的存在。不仅如此，"整个所谓世界历史不外是人通过人的劳动而诞生的过程，是自然界对人来说的生成过程"②。作为人，不仅仅指向于拥有"人"这种物种的所有先天基因，更指向

---

① 《马克思恩格斯选集》第四卷，624 页，北京，人民出版社，2012。
② 《马克思恩格斯全集》第四十二卷，131 页，北京，人民出版社，1979。

于获得一种社会性的规范和自我的价值基点。人不同于其他生物的根本特征就在于人需要存在的理由——价值感和意义感。没有这些，人就空具人的皮囊而无人的实质，成为行尸走肉之人。而人的价值感和意义感的获得是一种对象性的活动。人自我存在的本质力量需要在对象化的活动中自我创造，自我生成才能反观自我存在的理由。劳动毫无疑问就是人类社会独有的、自觉的对象化实践。马克思就明确指出，包括生产劳动在内的所有实践活动是人类改造客观世界和主观世界的必由之路。缺少了必要的劳动实践，人就缺乏了自我对象化的重要对象，从而也就缺乏了从对象化的世界中反观自我的载体和能力。当前社会存在的无意义感，以及自杀现象的增多等都从一个侧面反映了人们正在丧失从对象化的世界中获得自我存在意义的能力。导致这一现象的原因是多方面的，但其中一个重要的原因就在于当代学生借以实现自我对象化的劳动实践既少又单一。一旦以学习和升学为自我重要价值源泉的考试遭遇了挫折，学生也就失去了自我赖以存在的根基。因此，新时代的劳动教育必须高度重视学生本质力量对象化之后价值感和意义感的获得。

其次，新时代的劳动教育应在丰富人的关系属性方面有所作为。关系性是现实的人的基本属性。人生的丰富程度在很大程度上就取决于个体关系的丰富程度。马克思认为，"人的本质并不是单个人所固有的抽象物，在其现实性上，它是一切社会关系的总和。"①而在"一切社会关系总和"中最重要的、最根本的是生产关系。"人们在生产中不仅仅同自然界发生关系。他们如果不以一定方式结合起来共同活动和互相交换其活动，便不能进行生产。为了进行生产，人们便发生一定的联系和关系；只有在这些社会联系和社会关系的范围内，才会有他们对自然界的关系，才会有生产。"②因此，在劳动中，既有人与人之间相互协作的合作关系，也有人与自然万事万物的和谐共生关系。可以说，一个人劳动的广度和深度，将会极大地丰富其关系的多样性，进而会提升其生命的厚度和深度。而且，"生产劳动给每一个人提供全面发展和表现自己全部的即体力的和脑力的能力的机会，这样，生产劳动就不再是奴役人的手段，而成了解放人的手段。因此，生产劳动就从一种负担变成一种快乐。"③但随着现代社会劳动技术程度的不断提高，由此带来的劳动的原子化、刻板化问题日益突出，劳动逐渐从丰富人的关系的重要场域异化为单子式个体的生产机器。与此同时，年青一代又由于从小生活在钢筋水泥丛林当中，他们的关系形态已经逐渐窄化

---

① 《马克思恩格斯选集》第一卷，135 页，北京，人民出版社，2012。
② 《马克思恩格斯全集》第六卷，486 页，北京，人民出版社，1961。
③ 《马克思恩格斯全集》第二十卷，318 页，北京，人民出版社，1971。

为与冰冷且毫无生命活力的客观事物的关系。关系的单子化和物质化，必然导致现代学生日益走向自我中心，走向与自然的对立面，从而造就出一大批感觉单一、自以为是的"机械人"。他们之所以机械，是因为他们失去了与世间万事万物的有机联系，也就失去了存在的诸多可能性。而可能性恰恰是人生的魅力所在。因此，迫切需要通过劳动教育重新建构学生与自然、与社会、与他人的丰富关系，使学生在劳动中享受作为可能性存在的人的美好。

最后，新时代的劳动教育最终必然落实到学生审美人格的培养上。自我价值感的获得、关系丰富性的重构本质上指向的是一种审美的人生境界的达成。马克思在他的早期作品《1844 年经济学哲学手稿》中就提出了"美是人的本质力量对象化"的命题。所谓人的本质力量，主要指向的是人的主体性理想本质，是一种自由自觉的类特性活动；所谓对象化，包含了实践性对象化、精神性对象化和象征性对象化三个层面。① 而美就是作为主体的人的自由自觉的特性在生产实践、精神创作和文化表达上的生动体现。这是人的生产与

---

① 实践性对象化主要指的是人在认识和掌握客观对象的内在结构和客观规律的基础上，借助一定工具和技术所实现的对客观对象的改造，以使其满足人的需要的物质性生产实践活动。精神性对象化主要指的是人对包括自身在内的所有客观对象在意识层面进行体验、感知、想象、思维等观念创造活动。象征性对象化主要指的是精神性对象化产品的外在化表现形式。

动物的"生产"相比所独有的"美的规律"，即"动物只是按照它所属的那个种的尺度和需要来建造，而人却懂得按照任何一个种的尺度来进行生产，并且懂得怎样处处都把内在的尺度运用到对象上去；因此，人也按照美的规律来建造"①。这里的美体现了人的自由自觉的创造性实践活动，属于社会美的范畴。实际上，人类第一个历史活动，就是生产满足基本衣、食、住等需要的物质资料生产活动。正是在实践性的对象化活动中产生了最初的美。因此，最初的美的形态大多是生产性的。关于这一点，我们在人类早期的岩石绘画主题中可以明显看出来。个体或群体在改造客观世界过程当中所体现出来的不断自我超越、不屈不挠、怡然自得的精神，是美的重要内涵。当今这个社会，人们往往将美等同于感官化的形式体验，普遍存在着一种对美的内涵缺乏审美能力的时代弊病。祛除这种弊病的良药就是劳动。只有在对象化的劳动中，人们才能深切感知到那种人的类特性中自由自觉的类本质的伟大之处，才能仔细体会出人类文明的可贵，才能深刻领悟自我在人类伟大成就面前的渺小。因此，新时代的劳动教育必然倡导一种基于劳动基础之上的现代审美人格的培育，让学生在劳动中发现美、欣赏美和创造美。

①《马克思恩格斯全集》第四十二卷，97 页，北京，人民出版社，1979。

四、从单一到整合：劳动教育的"新"实践

劳动教育本质上是实践的。在新的时代背景下，劳动教育立场的转变、内容的扩充、功能的改造实际上预示着劳动教育世界观和方法论的根本性变革。这就对新时代的劳动教育的实践形态和实践路径提出了新的要求。

首先，最为重要的一点就是要坚持用马克思主义关于"教育与生产劳动相结合"的思想指导新时代的劳动教育实践，确保劳动教育的方向性和科学性。劳动教育作为教育与生产劳动相结合的重要途径，需要对马克思主义关于教育与生产劳动相结合的实质有完整、准确的认识。理解上的偏差必然会带来实践上的种种弊端。诚如前文所述，在大工业生产时代，教育与生产劳动相结合是一种实质性的结合而不是形式上的结合。因此，劳动教育不等于直接的生产劳动。不是说给学生提供了劳动的机会就完成了劳动教育的任务，而是将生产劳动经过教育化的处理，使之具备促进学生全面发展，进而承担改造社会的职能。这就要求学校在促进学生全面发展这一总体目标的指导下，完整地将不同劳动形态——体力劳动与脑力劳动、工业生产与农业生产、简单劳动与复杂劳动、文化技术学

习与思想政治教育——紧密结合起来，不可偏废。在此基础上，结合学生的身心特点，将劳动教育课程化，确保劳动教育所必需的时间和空间。

其次，新时代的劳动教育的重点是塑造学生正确的劳动价值观和劳动态度。"生活靠劳动创造，人生也靠劳动创造。"①虽然社会生产的不断发展造就了空前繁荣的物质财富和人类文明。但是，劳动教育在以升学考试为主的学校教育中却处在一种尴尬的边缘地位，而社会则普遍弥漫着一种对劳动的轻视，甚至歧视的不良文化心理。这在很大程度上影响了学生正确劳动价值观和劳动态度的形成。因此，学校要高度重视劳动教育的重要作用，努力培养学生正确的劳动价值观和劳动态度，重点是帮助学生理解劳动在创造物质世界和人类历史中所发挥的重要作用，从而懂得尊重劳动、尊重劳动者；理解劳动是一切社会财富的源泉，懂得"按劳分配"是一种正义的社会分配原则，摒弃不劳而获的思想。因此，劳动教育不是简单的体力锻炼，而是一种正确的劳动价值观的积极引导。

再次，新时代的劳动教育的实践形态应该是整合性的。不管是

---

① 《在同全国各族少年儿童代表共庆"六一"国际儿童节时的讲话》，人民日报，2013-05-29。

新中国成立初期的劳动教育，还是改革开放后的劳动教育，其实践形态基本上是单一的。前者更多的是通过实际生产劳动作为劳动教育的主要载体，而后者则以专门劳动教育或劳动技术教育课程的方式来作为劳动教育的基本实践形态。这种单一形态的劳动教育实践，显然难以承载前文所述的新时期劳动教育功能的实现。因此，当代劳动教育必须走向整合性的实践路径。它要实现的是劳动教育在课程、活动等方面资源的有机整合。具体而言，劳动教育要把直接劳动教育和间接劳动教育、学科劳动教育和活动劳动教育、个人劳动教育和集体劳动教育、校内劳动教育和校外劳动教育等多种形态的劳动教育充分融合。当前的学校教育更多的是集中在开设直接的劳动教育和劳动技术课程方面，而对于如何将劳动教育与其他学科课程知识有机结合重视还不够，这是需要进一步研究的。

最后，新时代的劳动教育实践体系应该是开放的。在所有生产要素中，生产力的变革是最活跃的。而生产力的变革必然会带来劳动形态的改变。因此，在生产力高速发展的当代社会，劳动形态的不断更迭也成为当下社会的常态。在这种情况下，劳动教育必须保持开放的姿态，高度关注劳动形态的变更并主动根据变化发展了的劳动形态及时更新教育内容。因此，一个开放的劳动教育实践体系对于切实提升劳动教育的实效性意义重大。具体而言，开放性的劳动教育，一方面体现为根据劳动形态的不断更新换代，自觉扩充其教育内容；另一方面，则要根据教育内容的转变及时调整相应的教育方式方法。对于前者而言，当前教育内容的更新，主要体现为对信息和知识生产的高度重视，以及自觉将消费教育、闲暇教育、劳动审美教育等内容纳入劳动教育范畴。对于后者来说，则不仅要重视传统的劳作式的劳动教育方式，更要重视现代化、知识化和信息化的劳动教育。

综上所述，在新的历史条件下，随着劳动形态的变迁和社会劳动观念的变化，劳动教育也呈现出新的形态。这就需要我们深入了解新时代劳动教育的内涵特点，才能够更好地促进劳动教育实践的健康发展。本文尝试从立场、内容、功能和实践等方面对新时代的劳动教育的内涵特征做了一些纲领性的阐述，但关于新时代劳动教育话题的讨论，还远未结束。希望有更多的同行共同关注劳动教育形态的时代发展，切实提升劳动教育的育人实效。

附录二　劳动、劳动集体与劳动教育

——重思马卡连柯、苏霍姆林斯基劳动教育思想的内容与特点[①]

　　苏联著名教育思想家马卡连柯和苏霍姆林斯基在劳动教育的理论探索和实践活动方面所取得的成就是举世皆知的，两人的劳动教育学说也曾在一定的历史时期对中国的基础教育产生了极其深刻的影响。然而，改革开放以来，教育学术界对马卡连柯和苏霍姆林斯基劳动教育思想的引介和解读在一定程度上存在片面化、粗浅化、经验化的倾向，并缺乏一定的系统性。[②] 因此在今天，重新思考、系统梳理马卡连柯和苏霍姆林斯基有关劳动教育的论述就显得非常必要和及时。无论是建设中国特色的社会主义教育理论体系，还是

---

　　① 本文已见刊于《国家教育行政学院学报》2018 年第 12 期，本文作者为胡君进、檀传宝，本次出版做了适当调整。(胡君进，上海师范大学教育学院副教授，博士后，主要从事教育基本理论和德育原理研究)

　　② 参见杨建朝：《从虚假到真实：集体主义教育反思》，载《教育学报》，2011(5)。

开展健康的劳动教育本身，重温马卡连柯和苏霍姆林斯基的劳动教育思想都是十分重要的理论工作。

基于以上考虑，在深入研读文本的基础上，我们试图以一种较为客观、全面的视角对马卡连柯和苏霍姆林斯基劳动教育思想的内容和特点进行全景式的俯瞰，并将其总结为三个方面：一是在关于劳动的认识上，两人认为劳动是教育体系的重要组成部分、教育应与生产劳动相结合以及劳动能够促进人的全面发展；二是在关于劳动集体的认识上，两人主张劳动集体是劳动教育的目的、对象和手段，因此要为了集体、在集体中、通过集体来开展劳动教育；三是在关于劳动教育的认识上，两人强调劳动教育旨在为共产主义社会培养劳动者。重新思考马卡连柯和苏霍姆林斯基关于劳动、劳动集体和劳动教育的相关论述，对于我们今天重新审视劳动教育的价值、方法和立场，具有重要的理论价值和现实意义。

一、劳动概念：劳动的教育地位、教育形式与教育功能

马卡连柯和苏霍姆林斯基都非常重视从教育的角度来理解劳动概念。无论是在马卡连柯组建的高尔基工学团和捷尔任斯基公社，

还是在苏霍姆林斯基担任校长的帕夫雷什中学，劳动一直是整个学校教育体系的重要组成部分。而除了开展具体的学校劳动教育实践，马卡连柯和苏霍姆林斯基还从理论上对劳动本身进行了深入探索，并对劳动的教育地位、教育形式、教育功能给予了详细阐述。

(一)劳动的教育地位：劳动是教育体系的重要组成部分

马卡连柯认为，劳动是学校教育体系中最基本的组成因素。在他看来，如果苏维埃的学校教育是不劳动的教育，那是不可想象的。在《儿童教育讲座》第六讲《劳动教育》的开篇，他就郑重地指出："劳动永远是人类生活的基础，是创造人类生活幸福和文明的基础。在我们的国家里，劳动已经不是剥削的对象，而成了光荣、荣耀、豪迈和英勇的事情。我们的国家是劳动者的国家，我们的宪法里明确规定：不劳动者不得食。因此，在教育工作中，劳动也应当是最基本的因素之一。"[①]而与重视一般性劳动价值的同时代教育理论家不同，马卡连柯还特别重视劳动理应具备一定的创造性特点，认为只有创造性劳动才能真正为全社会人民的生活造福。"在苏维埃国家里，每一种劳动都应当是创造性的劳动，因为这种劳动

---

① 吴式颖等：《马卡连柯教育文集(下卷)》，528 页，北京，人民教育出版社，2016。

完全是为了创造劳动者的社会财富和国家文明。教育学生从事创造性的劳动是教育者的特别任务。"①由此，无论是在高尔基工学团，还是在捷尔任斯基公社，马卡连柯都致力于发掘不同种类劳动教育活动中的创造性因素，强调创造性劳动并不是教育体系中附加的东西，而应该是整个学校教育的基本过程。

与马卡连柯类似，苏霍姆林斯基同样指出劳动是学校教育生活中不可缺少的重要方面，其应渗透、贯穿于整个学校教育之中。离开了劳动，就不可能有真正的教育。② 劳动与教育是不能分割的，不存在也不应该存在那种不含有任何劳动因素的教育。而且苏霍姆林斯基还进一步指出劳动是塑造人、培养人的关键途径，甚至是最重要、最根本的手段。对此，苏霍姆林斯基在《培养集体的方法》一书中这样写道："劳动是一种极为复杂的现象，它可以揭示人的思想、情感、智力、美感、心理状态、创造精神，揭示教育和自我教育的意义。人生育人，而劳动则把人造就成真正的人。"③故而在帕

---

① 吴式颖等：《马卡连柯教育文集(下卷)》，529 页，北京，人民教育出版社，2016。

② [苏联]苏霍姆林斯基：《少年的教育和自我教育》，姜励群等译，26 页，北京，北京出版社，1984。

③ 蔡汀、王义高、祖晶：《苏霍姆林斯基选集(第 1 卷)》，624 页，北京，教育科学出版社，2017。

夫雷什中学，苏霍姆林斯基将劳动放在了整个学校教育体系中十分重要和突出的地位，认为学生只有通过劳动，才能充分发挥个人的智力和才干，才能形成对集体、社会和祖国的正确态度，才能成为一个真正的苏维埃公民。

(二)劳动的教育形式：教育应与生产劳动相结合

在马卡连柯的劳动教育思想中，一个重要的特点就在于他格外强调教育应该与生产劳动相结合。他认为，"不注意创造价值的劳动，不会成为教育的积极因素"①，"我不仅是劳动教育的拥护者，而且是生产劳动的拥护者"②，"教育出来的人，应该懂得生产，懂得生产组织，也懂得生产过程"③。故而马卡连柯在高尔基工学团和捷尔任斯基公社长达 16 年的教育实践中，始终贯彻了教育与生产劳动相结合的原则，并取得了相当成功的教育效果。通过在学校里开展缝纫木工、牲畜饲养、铸工制图、电焊雕刻等体力劳动、手工劳动，马卡连柯成功地将数千名流浪儿、违法少年改造成了合格

---

① 吴式颖等：《马卡连柯教育文集(下卷)》，447 页，北京，人民教育出版社，2016。

② 吴式颖等：《马卡连柯教育文集(上卷)》，227 页，北京，人民教育出版社，2016。

③ 吴式颖等：《马卡连柯教育文集(下卷)》，426 页，北京，人民教育出版社，2016。

的苏维埃工人。在这里，注重生产性质的劳动教育，目的在于发挥劳动的经济价值和社会意义，并从实际的、能衡量的社会财富创造中来培养学生的求实精神和负责精神。① 而公社劳动教育的成功实践也使马卡连柯坚信，生产劳动是劳动教育的最好、最有效的高级形式，其比单纯的劳动过程具有更大的优越性。学生将来在社会上所起到的作用和价值，几乎完全取决于儿童参加生产劳动的能力，取决于他对这种生产劳动所做的准备。②

同样，苏霍姆林斯基也非常重视教育与生产劳动之间相互结合的关系。他指出，"学校普通教育的最终目的，是使准备参加生产劳动、创造物质财富的青年一代得到全面发展，所以务须使每个受教育者都做好参加生产劳动的准备"③，而"受教育者在学生时代参与创造物质财富，决定着他们道德面貌的最重要特征；如果没有生产劳动，就不可能形成这些特征"④。故而在帕夫雷什中学，所有

---

① 参见全国比较教育研究会、全国教育史研究会：《马卡连柯教育思想研究论文集》，64 页，北京，北京师范大学出版社，1988。
② 参见何国华、燕国材：《马卡连柯教育思想研究》，81 页，长沙，湖南教育出版社，1986。
③ [苏联]苏霍姆林斯基：《论劳动教育》，166 页，萧勇、杜殿坤译，长沙，湖南教育出版社，1987。
④ 同上。

的学生都必须参加生产劳动并在生产劳动中培养劳动热情和形塑劳动技能。与之相应，学校亦是为各个年龄阶段的学生从事各种各样的生产劳动提供了物质基础。学生可以从事的生产劳动项目有：机械设计和模型制作、树木和农作物栽培、研究内燃机制造、木材加工、养兔、养蜂、养牛、养猪，等等。在苏霍姆林斯基的教育信念中，生产劳动是教育学生热爱劳动和在道德上成熟起来的重要途径，亦是使学生准备走向社会生活的最重要的条件。而且在学校教育中逐步增加生产劳动的因素，并不是指机械地增加劳动数量，而是蕴含着这样一个复杂的过程：使学生不断认识和检验自己的能力和才干，逐渐理解劳动在自己未来生活中的地位和作用，并且恰当地估价自己的力量和发展的可能性。[①]

(三)劳动的教育功能：劳动促进人的全面发展

马卡连柯认为，劳动不仅是一个经济的范畴，而且也是一个道德的范畴。他在考察一个人的道德品质时，就把能否开展自觉的劳动作为一项主要的标志。[②] 这意味着劳动教育与道德教育有着紧密

[①] 参见[苏联]苏霍姆林斯基：《论劳动教育》，17页，萧勇、杜殿坤译，长沙，湖南教育出版社，1987。

[②] 参见何国华、燕国材：《马卡连柯教育思想研究》，79页，长沙，湖南教育出版社，1986。

联系，劳动教育既是道德教育的重要条件，也是实施道德教育的重要手段。① 此外，需要注意的是，马卡连柯虽然主张教育教学应与生产劳动相结合，但是反对那种将劳动与教学进行机械结合的做法，而是主张劳动与教学"平行"。这是因为那种单纯热衷于体力劳动、轻视学习科学原理的做法是一种"劳动拜物教"，其在本质上并不利于学生的全面发展。为此，马卡连柯强调真正的劳动教育是脑力劳动与体力劳动的结合，是知识教养与熟练技术的结合。也正是如此，从高尔基工学团和捷尔任斯基公社毕业的学生，不仅掌握了从事相关社会生产活动的技能技巧，更是受到了良好的中等科学文化教育。他们中有不少人除了成为优秀的工厂工人，亦有不少考入高等学校继续学习和深造，最终成了工程师、人民教师、军队军官、地质学家、历史学家，等等。也正是因为这样，马卡连柯才如此感慨："劳动教育，即人的劳动品质的培养，不仅是未来好的公民或不好的公民的教育，而且是公民将来生活水平及其幸福的教育"②。

---

① 参见[苏联]米定斯基：《马卡连柯的生平和教育学说》，杨慕之译，110页，北京，人民教育出版社，1955。
② 吴式颖等：《马卡连柯教育文集（下卷）》，529页，北京，人民教育出版社，2016。

苏霍姆林斯基同样看到了劳动具有促进人的全面发展的教育功能，而且对两者的内在联系进行了更为深入的探索。他指出，"劳动教育是对年轻一代参加社会生产的实际训练，同时也是德育、智育和美育的重要因素"①，而"一个人的和谐全面发展、富有教养、精神丰富、道德纯洁——所有这一切，只有当他不仅在智育、德育、美育和体育素养上，而且在劳动素养、劳动创造素养上达到较高阶段时，才能做到"②。其中，在针对"劳动素养"和一般发展（道德的、智力的、审美的、身体的发展）相结合的关系上，苏霍姆林斯基认为劳动能够促进学生的智力充实性和完美性、道德丰富性和公民目的性。③ 可见，劳动对人的德、智、体、美等全面发展所能起的功能，得到了苏霍姆林斯基的高度重视和肯定。正是有了劳动，学生的身体、品德、智力等方面都得到了均衡性的全面发展，并相互渗透和相互交织，融合并呈现为一个统一的完整过程。离开了劳动，学生的全面发展是很难实现的。为此，在帕夫雷什中学，苏霍姆林斯基制

---

① 蔡汀、王义高、祖晶：《苏霍姆林斯基选集（第4卷）》，451页，北京，教育科学出版社，2017。

② 同上书，452页。

③ 同上书，226页。

订了详尽、得当的劳动教育计划，其中就包括充分了解每个学生在劳动方面的兴趣爱好和个性特点，以将全体学生培养成全面、和谐发展的人。

二、劳动集体：为了集体、在集体中、通过集体来开展劳动教育

劳动集体在学校劳动教育中占有极其重要的位置，是通过劳动集体来开展劳动教育，还是脱离劳动集体来进行劳动教育，往往是学校劳动教育工作中至关重要的实践议题。马卡连柯与苏霍姆林斯基通过各自数十年教育实践经验的积累，形成了比较系统和完善的集体教育理论。而这一集体教育理论聚焦在劳动教育上就体现为组建良好的劳动集体，并主张为了集体、在集体中、通过集体来教育学生。因此，如何认识劳动集体就成了全面、深入理解马卡连柯、苏霍姆林斯基劳动教育思想的关键。

（一）劳动集体是劳动教育的目的

马卡连柯指出，"苏维埃的教育体系与任何其他的教育体系不同之点，在于它是社会主义的体系，并且因为我们教育的机构具有

集体的形式"①。在这里，集体被看作"是以社会主义的结合原则为基础的人与人互相接触的总体"②，而它的重要特征就在于作为"社会的有机体，其负有代表社会利益的责任"③，而且"集体不只是用共同的目的和在共同的劳动中把人们团结起来，并且要在劳动的共同组织中把人们团结起来"④。与之相对应，马卡连柯进一步明确了学校劳动教育的总方针，即"建立合理的集体，建立集体对个人的合理的影响"⑤。而这一"合理的影响"就表现为让学生感受到劳动集体的尊严和价值，以形成集体荣誉感、责任感和自尊心。在这里，劳动集体所确定的目标内容不是别的，而本身就是劳动教育要求的体现，而且是以集体的形式来对学校培养目标进行转化和具体化。这也意味着，学校劳动教育的主要目的首先是劳动集体，其次才是对个人的教育。而劳动集体的建立作为集体攀登前进的阶梯，其既是劳动教育自身要求的体现，亦是吸引和动员全体学生开展劳动的重要方向。

———————————

① 吴式颖等：《马卡连柯教育文集(上卷)》，19 页，北京，人民教育出版社，2016。
② 同上书，19 页。
③ 同上书，82 页。
④ 同上书，81 页。
⑤ 同上书，32 页。

苏霍姆林斯基同样将劳动集体看成是学校劳动教育的目的和归属。在《培养共产主义劳动态度》的第一章，他就鲜明地指出，"作为一种道德品质，热爱劳动的思想只有在集体中才能形成"①，而"为集体而劳动，为集体创造物质财富，为集体服务——这些都是集体在劳动中的相互关系的极重要的因素，缺少这些因素就不可能进行热爱劳动的教育"②。在苏霍姆林斯基看来，首先要建立一个良好的劳动集体，这样就可以保证所有的成员都处在一个相互影响、相互督促的劳动关系之中，这有利于维持、激发个人的劳动意志和劳动动机。在帕夫雷什中学的教育实践中，真正的劳动集体都是以每个学生都力求达到共同目标为前提的，而对待集体利益的态度则是衡量学生是否热爱劳动的标准，这就自然引导了学生的集体荣誉、责任和义务观念。由此，劳动教育工作的关键，就在于把劳动教育的具体要求转化为劳动集体自身努力争取的现实目标，而当一个短期的目标完成之后，就应及时提出更高的集体目标。这样伴随着一连串集体目标的提出和完成，劳动集体也就会不断达到一个新的水平。

---

① ［苏联］苏霍姆林斯基：《论劳动教育》，萧勇、杜殿坤译，13 页，长沙，湖南教育出版社，1987。

② 同上书，12～13 页。

（二）劳动集体是劳动教育的对象

马卡连柯认为，"学校集体就是苏维埃儿童社会的细胞，它首先应当成为教育工作的对象，在教育单独的个人的时候，我们应当想到整个集体的教育"①；而"个别学生的每一行为，他的每一成功或失败，都要被看作共同事业的一种成功或失败"②。具体到劳动教育上，这意味着劳动集体才是劳动教育的真正对象，有组织的学校劳动教育活动应该紧紧围绕劳动集体而展开。在马卡连柯看来，由于个体形式的劳动教育对学生的影响往往只能停留于一种狭隘和有限的影响，而通过劳动集体，教师就可以在更大范围上，并利用多方面的因素来引导学生。然而，需要注意的是，这并不意味着马卡连柯不重视个别教育，抑或只强调共性而忽视个性。他说："对个人最实际的工作方式，是把个人保留在集体内，并且是这样的一种保留，要使个人认为他留在集体里是按着自己的愿望，是自愿的，其次，要使集体也自愿地容纳这些个人"③。由此可见，马卡连柯非常重视个人和集体之间逐步适应与协调的过程，强调个人在

---

① 吴式颖等：《马卡连柯教育文集(上卷)》，81 页，北京，人民教育出版社，2016。

② 同上书，82 页。

③ 同上书，31 页。

集体中也能实现自由，集体亦能为个人的爱好与特长提供表现和发展的机会。

与马卡连柯类似，苏霍姆林斯基同样看到了将劳动集体作为劳动教育对象的作用和功能。他认为在学校里能否成功地开展劳动教育，需要具备一系列的前提和条件。其中，一个最主要的前提和不可缺少的条件就是建立"一个组织良好、目标一致、意志集中、团结坚强的教育集体"①；而由于学生的劳动热情主要产生并存在于充满各种劳动关系的劳动集体之中，学生也往往只有在劳动集体中才能意识到自己应尽的义务和责任，这意味着"集体的劳动生活是集体对个人施加教育影响的一个重要前提"②。对此，苏霍姆林斯基在《学生集体主义情操的培养》一书中这样写道，"选择能吸引各种不同年龄的学生参加的集体劳动活动是学校领导的一项重大任务。这种集体活动不仅是可能的，而且是非常必要的。它在联合各班学生时使得基层集体的任务和要求更加引人注目，扩大了孩子们

---

① [苏联]苏霍姆林斯基：《学生集体主义情操的培养》，杨楠译，1 页，长沙，湖南教育出版社，1984。

② 蔡汀、王义高、祖晶：《苏霍姆林斯基选集（第 1 卷）》，645 页，北京，教育科学出版社，2017。

相互关系的范围，使大家认识到我国全体人民是一个统一的劳动集体"①。总之，苏霍姆林斯基坚信沿着劳动集体的小道是能够将学生领上公民生活的康庄大道的，这在客观上就要求教师能够善于通过劳动集体这一教育对象来影响学生，而不是教师直接教育学生。

（三）劳动集体是劳动教育的手段

马卡连柯在诸多场合都反复强调"集体是个人的教师"②，"集体本身是一种非常有创造性的、严格的、确实的和有教养的力量"③，故而"对个人最实际的工作方式，就是把个人保留在集体之中"④。鉴于此，马卡连柯始终把劳动教育和集体教育联系起来，并将建立一个良好的劳动集体看成是开展学校劳动教育的基本手段和重要途径。一方面，没有劳动，不进行劳动教育，集体就不能真正建立起来；另一方面，没有劳动集体，不通过劳动集体来开展教育，劳动教育就没有真正效果。而且在一个劳动集体中，由于有共同的劳动目标和统一的劳动方式，会潜在地激发个人对于劳动集体

---

① ［苏联］苏霍姆林斯基：《学生集体主义情操的培养》，杨楠译，119 页，长沙，湖南教育出版社，1984。
② 吴式颖等：《马卡连柯教育文集（上卷）》，31 页，北京，人民教育出版社，2016。
③ 同上书，108 页。
④ 同上书，31 页。

的归属感，继而让个人更加注重维护劳动集体的利益并自觉用劳动集体的要求来规范个人的劳动行为。为此，就必须为劳动集体制定有组织性的纪律，以明确集体活动的规范和准则。

苏霍姆林斯基认为劳动教育若只是停留在思想观念上，而没有形成相应的行为习惯和劳动能力，那就谈不上真正的劳动教育效果。而要养成良好的习惯，就需要通过劳动集体参与各项实践活动。从这个意义上讲，劳动集体可谓劳动教育的健身房。而且在有效增强学生劳动生活的道德体验问题上，建立劳动集体也显得极为关键。"要有一个好的集体，其中所有的成员都处于一定的相互联系的劳动关系中，大家都关心共同的事业。这种集体对个人的努力所做的公共评价，在激发劳动动机上起着特别重要的作用。"① 而帕夫雷什中学劳动教育的实践效果也证明了这一点：学生在劳动集体中参与劳动，更能显示出个人的努力程度和激发个人的劳动热情，更能理解自己在集体活动和社会活动中的地位，更有助于个性的自我确立和集体主义观念的加强。基于这些考虑，苏霍姆林斯基坚信通过劳动集体去组织学校的日常劳动生活和练习活动，这理应成为

---

① ［苏联］苏霍姆林斯基：《论劳动教育》，12 页，萧勇、杜殿坤译，长沙，湖南教育出版社，1987。

最基本的劳动教育手段。

三、劳动教育：为共产主义社会培养劳动者

在任何一个教育家的创作中，教育家一般都抱持着个人的思想立场和原则，而这对于教育家的思想而言可谓是最明确、最可作为特征的标志。仔细审视和比较马卡连柯、苏霍姆林斯基的劳动教育思想，发现两者都可被看成是共产主义社会中如何开展劳动教育的理论探索，在一定程度上也可被看成是发展了的和具体化了的共产主义劳动教育思想。两者都认识到了劳动教育在培养学生的共产主义信念上发挥着关键作用，劳动教育的旨趣就在于为共产主义社会培养劳动者。因此，劳动教育和培养热爱劳动的本性与高尚品质，也就成了共产主义教育的最重要的组成部分。①

（一）劳动教育旨在培养学生的共产主义信念

在高尔基工学团和捷尔任斯基公社，马卡连柯孜孜不倦地探索了社会主义条件下年青一代的共产主义教育的理论、原则、方法和

---

① 参见［苏联］加里宁：《论共产主义教育》，陈昌浩译，52 页，北京，中国青年出版社，1979。

组织形式。其中，马卡连柯逐渐形成了这样的教育信念，即生气勃勃、富有活力的劳动教育是共产主义社会教育体系的重要组成部分，其对于形塑学生的共产主义信念发挥着基础性作用。在他看来，学校的劳动教育不仅是经济的范畴，而且也是道德的范畴，其同样可以发挥道德教育的功能和作用。① 而在共产主义社会，劳动教育的一个重要目标就在于让学生充分地意识到自己是无产阶级事业的建设者和接班人。因此，在劳动教育的工作中以共产主义道德意识来武装学生是极为重要的。共产主义社会劳动教育的任务，不只是限于帮助学生形成共产主义的劳动意识和道德情感，还必须保证学生能够在自己的生活和实际行动中体现出这些观念、信念和情感，以形成固定的行为和习惯。

在帕夫雷什中学，苏霍姆林斯基同样对通过劳动教育来培养学生的共产主义信念保持高度重视。在《年轻一代共产主义信念的形成》的开篇，他就鲜明地指出要"把共产主义信念的形成看做是全部教育过程和学生全面发展的方向"②，而在"共产主义建设时期，人

---

① 参见［苏联］马卡连柯：《论共产主义教育》，刘长松、杨慕之译，79 页，北京，人民教育出版社，1957。
② 蔡汀、王义高、祖晶：《苏霍姆林斯基选集（第 1 卷）》，8 页，北京，教育科学出版社，2017。

的高尚道德的一个最重要的标志，就是他深刻意识到自己劳动的社会意义"①。这是因为在苏霍姆林斯基看来，"劳动是最能明显地揭示出机体与精神力量(道德、智慧、意志力量)之统一性的活动"②，而一个人能否积极参与社会建设活动的思想、意识、信念的实质全部都来源于劳动自身。因此，"为了顺利过渡到共产主义社会，必须使劳动成为人的第一生活需要。而树立新的劳动纪律，树立新形式的人与人的社会联系，创立吸引人们参加劳动的新方式和新方法，则是最能收效、最高尚不过的工作"③。由此，苏霍姆林斯基多次强调要在普通生产劳动的过程中帮助学生形成共产主义信念的劳动价值观。劳动价值观决定了劳动教育观，共产主义劳动教育的核心目标就在于促进学生形成正确的劳动价值观，这将是整个学校劳动教育的核心任务。④

(二)劳动教育旨在为共产主义社会培养劳动者

在《共产主义的教育和行为》一文中，马卡连柯这样写道，"在

---

① 蔡汀、王义高、祖晶：《苏霍姆林斯基选集(第1卷)》，3页，北京，教育科学出版社，2017。

② 同上书，11页。

③ [苏联]苏霍姆林斯基：《论劳动教育》，1页，萧勇、杜殿坤译，长沙，湖南教育出版社，1987。

④ 参见胡君进、檀传宝：《马克思主义的劳动价值观与劳动教育观——经典文献的研析》，载《教育研究》，2018(5)。

我们的社会中，并没有违法的儿童，有的只是那些和我们一样充分享有幸福生活权利的人，有的只是那些和我们一样有才干、有能力生活和工作、并能够成为创造者的人"①。而在《儿童工学团工作方法的经验》的绪言中他又再次强调，"我们的教育应当是共产主义的，并且每一个被我们教育过的人都应当是对工人阶级的事业有益的"②。这意味着，在马卡连柯这里，将上千名青少年违法者改造成对苏维埃社会有用的"新人"，既是一个艰巨的教育任务，亦是一项尖锐的政治任务。而对于何谓共产主义社会的"新人"，马卡连柯一方面认为必须要知道"这个新人应当有哪些品质，应当有什么样的性格、信念、教养、工作能力和劳动能力，以及他身上所应具有的和能引以为豪的东西"③，另一方面又指出"具有敏锐的政治敏感性、能够朝着共产主义个性发展的普通劳动者"就是这一"新人"的首要特征④。由此，马卡连柯坚信与生产劳动相结合的学校教育不仅是再造个性和培养能力的重要手段，亦是为整个共产主义社会培

① [苏联]马卡连柯：《论共产主义教育》，刘长松、杨慕之译，82 页，北京，人民教育出版社，1957。
② 吴式颖等：《马卡连柯教育文集（上卷）》，10 页，北京，人民教育出版社，2016。
③ 同上书，44 页。
④ 同上书，80 页。

养劳动者的规范标准和发展路线。

受马卡连柯的影响，苏霍姆林斯基同样非常关心共产主义社会的劳动教育理应树立什么样的培养目标。在他看来，当时学校实施的劳动教育往往都存在这样一个缺点，"在对劳动的心理、道德培养上，学生的基本注意力被引向成为干哪一行的人，而不是被引向成为怎样的人的问题"①。而共产主义社会劳动教育的真正意义则在于帮助学生理解不同种类劳动身上一般性的道德内涵和道德意义，即在一个人的生活中，具有决定意义的不是他干哪一行，而是他应该成为怎样的人。对此，苏霍姆林斯基是这么说的："要让年轻人在习得不同的技能和技巧的同时，也学会理解劳动的道德意义，不论劳动如何简单、粗笨、平凡。要他们在童年、少年、青年早期就把劳动首先视为具有崇高道德意义的义务"②，而"学校、教育者、我们整个社会的任务，就在于帮助学生在创造性的生产劳动中发现自己的天资、能力、才干"③。无论是成为技术工人，还是村庄农民，抑或诗人画家，只要是对社会发展有所贡献的劳动者，

---

① 蔡汀、王义高、祖晶：《苏霍姆林斯基选集(第1卷)》，12页，北京，教育科学出版社，2017。
② 同上书，12页。
③ 同上书，25页。

都理应成为学生心目中的人格偶像。而由于"共产主义社会制度的性质就在于：在创造性劳动中的个人成就同时就是全社会的成就"①，这意味着学校劳动教育工作的成功与否，取决于受教育者在多大程度上能够自觉地争当一名共产主义社会的劳动者和建设者。

综上所述，马卡连柯和苏霍姆林斯基劳动教育思想的内容是丰富深刻的，特点是十分鲜明的，虽然两人所处的历史时期和社会环境有一定差异，两人各自创设的教育机构亦有所不同，但这些都未曾阻碍两人提出具有时代特色的劳动教育思想。而作为一份重要的教育思想遗产，其对于当前中国社会如何开展劳动教育而言，有着重要的现实意义。改革开放 40 年来，我国教育事业虽然取得了举世瞩目的进步，但也存在若干发展的短板。其中，劳动教育就是教育领域全面落实党的教育方针亟须努力补齐的短板之一。在这个时候，认真学习、重新思考马卡连柯和苏霍姆林斯基劳动教育思想的内容和特点，对于开展中国特色社会主义的劳动教育实践就有着极为深远的借鉴价值。不过也需要承认，由于受限于特殊的历史时期

---

① 蔡汀、王义高、祖晶：《苏霍姆林斯基选集(第 1 卷)》，35 页，北京，教育科学出版社，2017。

和社会环境，两人的劳动教育思想肯定有着一定的历史局限性，我们无意否认这一点，更无意主张照搬他们的学说。然而，通过挖掘和分析两人劳动教育思想中一些具有积极意义的片段，这在客观上有利于劳动教育领域的研究者和实践者从中汲取有价值的立场、观点和方法，继而推动劳动教育在当前学校教育体系中的回归与创新。

图书在版编目（CIP）数据

劳动教育论要：现实畸变与起点回归 / 檀传宝著. —修订本. —北京：北京师范大学出版社，2024.3
（当代中国教育学小丛书）
ISBN 978-7-303-29672-9

Ⅰ.①劳… Ⅱ.①檀… Ⅲ.①劳动教育–研究 Ⅳ.①G40-015

中国国家版本馆 CIP 数据核字（2024）第 000021 号

图 书 意 见 反 馈	gaozhifk@bnupg.com	010-58805079
营 销 中 心 电 话	010-58802755	010-58800035
北师大出版社教师教育分社微信公众号	京师教师教育	

LAODONG JIAOYU LUNYAO：XIANSHI JIBIAN YU QIDIAN HUIGUI（XIU DING BEN）

出版发行：北京师范大学出版社　www.bnupg.com
　　　　　北京市西城区新街口外大街 12-3 号
　　　　　邮政编码：100088
印　　刷：三河市兴达印务有限公司
经　　销：全国新华书店
开　　本：890 mm×1240 mm　1/32
印　　张：8.625
字　　数：152 千字
版　　次：2024 年 3 月第 2 版
印　　次：2024 年 3 月第 1 次印刷
定　　价：38.50 元

策划编辑：郭兴举　鲍红玉　　　责任编辑：鲍红玉
美术编辑：焦　丽　　　　　　　装帧设计：尚世视觉
责任校对：段立超　王志远　　　责任印制：马　洁　赵　龙

版权所有　侵权必究

反盗版、侵权举报电话：010-58800697
北京读者服务部电话：010-58808104
外埠邮购电话：010-58808083
本书如有印装质量问题，请与印制管理部联系调换。
印制管理部电话：010-58805079